ローマ人への手紙

―信仰による世界の相続人として―

世界の相続人となるという約束が、
アブラハムに、あるいは彼の子孫に与えられたのは、
律法によってではなく、
信仰による義によってであったからです。

　　　ローマ人への手紙　4章13節

聖書を読む会

表紙イメージ：
ヴァランタン・ドゥ・ブローニュ（もしくはニコラ・トゥルニエ）『執筆中の使徒パウロ』
1618-20年頃　油彩　ヒューストン美術館（アメリカ）

目 次

手引の使い方 ………………………………………………………… v
まえがき …………………………………………………………… 2
  著者パウロ ……………………………………………………… 2
  「ローマ人への手紙」について ………………………………… 2
  神のご計画 ……………………………………………………… 4

1課 はじめに 1:1-17 …………………………………………… 8
  A あいさつ 1:1-7 …………………………………………… 8
  B ローマ訪問を願う 1:8-17 ……………………………… 10

2課 すべての人は罪人 1:18-3:20 ………………………… 12
  A 人類の罪 1:18-32 ……………………………………… 12
  B えこひいきのない神 2:1-16 …………………………… 14
  C ユダヤ人の罪 2:17-3:8 ………………………………… 16
  D ユダヤ人も異邦人も神のさばきに服する 3:9-20 ……… 17

3課 信仰による義 3:21-4:25 ……………………………… 19
  A 神の義が示される 3:21-26 …………………………… 19
  B 信仰によって世界の相続人となる（1） 3:27-4:12 …… 21
  C 信仰によって世界の相続人となる（2） 4:13-25 ……… 23

4課 キリストとの新しい歩み 5:1-8:39 ……………………… 25
  A 喜び〔誇り〕をもって歩む 5:1-11 ……………………… 25
  B 永遠のいのちの希望をもって歩む 5:12-21 …………… 28
  C 義の奴隷として歩む 6:1-23 …………………………… 30
  D 律法の役割を理解して歩む 7:1-25 …………………… 33
  E 聖霊によって歩む 8:1-13 ……………………………… 36
  F 世界の相続人として歩む 8:14-25 …………………… 38
  G 聖霊にとりなされて歩む 8:26-30 …………………… 41
  H 神の愛を確信して歩む 8:31-39 ……………………… 43

5 課　ユダヤ人の救い　9:1-11:36 ……………………………… 45
　　　A　あわれみゆえの選び　9:1-29 …………………………… 45
　　　B　ユダヤ人の不信仰　9:30-10:13 ………………………… 48
　　　C　ユダヤ人の残りの者　10:14-11:10 …………………… 50
　　　D　ユダヤ人がつまずいた意味　11:11-36 ……………… 52

6 課　新しい歩みの実際　12:1-15:7 ………………………… 54
　　　A　新しい歩みの出発点　12:1-2 …………………………… 54
　　　B　新しい歩みの具体例（1）　12:3-16 …………………… 56
　　　C　新しい歩みの具体例（2）　12:17-13:14 …………… 59
　　　D　つまずきを乗り越えて　14:1-15:7 …………………… 62

7 課　パウロの異邦人宣教と計画　15:8-33 ……………… 66
　　　A　異邦人も神をあがめる　15:8-13 ……………………… 66
　　　B　異邦人に対するパウロの務め　15:14-21 ………… 68
　　　C　パウロの今後の宣教計画　15:22-33 ……………… 70

8 課　おわりに　16:1-27 …………………………………………… 72
　　　A　最後のあいさつと勧め　16:1-20 …………………… 72
　　　B　パウロの同労者からのあいさつと結びの祈り　16:21-27 …… 74

あとがき …………………………………………………………………… 76
分かち合い、共に祈ろう ……………………………………………… 77
地図 ………………………………………………………………………… 80
年表 ………………………………………………………………………… 82

手引の使い方

　「ローマ人への手紙」は、パウロが、地中海の東部沿岸地域で宣教を進めていた、そのただ中で書かれました。その働きについては「使徒の働き」に記されていますので、先に「使徒の働き」を学ぶと「ローマ人への手紙」が理解しやすくなります。

　この手引は、グループで聖書を読むために作られましたが、個人の学びや日々の祈りのためにも使うことができます。

グループで手引を使う場合の指針

1．司会者

　司会者は、予習して学びに臨みますが、聖書箇所を解説するのではなく、手引に沿って質問をする人です。参加者が自由に意見を述べ、話し合えるように励まします。どのような意見でも、それを正したり意見の相違を解決したりする必要はありません。語り合いは、指定された聖書箇所から分かる範囲に留めましょう。

　より多くの人が司会を経験するために、次回の司会者を決めましょう。

2．参加者

　お互いの意見を尊重して、考えたことを率直に分かち合いましょう。他の本などで学んだことを話すのではなく、該当する聖書箇所から語り合い、脱線したり、一人で長く話したりしないように気をつけましょう。

3．一回で進む学びの範囲

　「まとめ」や「祈り」までが一つの目安ですが、グループの状況や必要に応じて調節してください。

4．「考えよう」の質問

　状況に応じて選んでお使いください。

5．「祈り」

　祈りの文章は一つのモデルです。グループの状況に合わせて自由にお祈りください。

6. 解釈の違い

解釈の違いがある場合は、教会の指導者の立場を尊重してください。

凡 例

聖　書　この手引は「聖書 新改訳 2017」(以下「新改訳」) に準拠しています。聖書各巻の略語は、新改訳 巻末の一覧に従っています。
　　　　例) イザヤ書 45 章 18 節 → イザ 45:18

〔　〕　新改訳と「聖書 聖書協会共同訳」(以下「共同訳」) の訳語が大きく違う場合は、共同訳を〔　〕に記しています。

　巻末の地図で確認しましょう。

年表　巻末の年表で確認しましょう。

脚　注　下線のある言葉は、各ページの下 (脚注) で解説されている用語です (例：キリストa)。脚注にある聖書箇所は確認のためのもので、グループの学びでは開く必要はありません。

注)　質問のあとに、必要な注を記してあります。

コラム　聖書を理解する上で助けとなる説明がされています。

コラムのテーマとページ

主	11
ギリシア人	15
救い、救い主	18
神の義	20
信仰の父アブラハム	27
世界の相続人	27

死と永遠のいのち	32
内村鑑三が待ち望んでいた世界	40
神のご計画	42
神のかたち (像)	44
家の教会	75

まえがき

「ローマ人への手紙」を読み始める前に、手紙の背景を学びましょう。

著者パウロ

　厳格（けんかく）なユダヤ教の一派で育ったパウロの神への熱心は、キリスト者を迫害するほどでした。しかし、ダマスコ途上で、復活したイエスと出会って回心します。その後、パウロはローマ帝国の東部、特に、現在のトルコがある小アジアと、ギリシアにある都市に赴き、そこに住むユダヤ人を中心に、イエスこそが旧約聖書で預言されていたメシア（キリスト）であると宣べ伝えるようになりました。また、パウロは異邦人（ユダヤ人以外の人々）への宣教に召されていたので、彼らにも積極的に福音を伝えて行きました。三回にわたる宣教旅行が終わる頃には、パウロは帝国の東部での務めは終わったと考え（15:18-23）、次はローマを拠点として、西部への宣教を計画していたのでした。

「ローマ人への手紙」について

　ローマ教会の成立に関しては、ペテロが設立したという説や、ペンテコステの時にエルサレムで回心した人々（使2:10）が中心となってできた教会だったという説などがあります。

(1) ローマより西の宣教を

　この教会は、いくつかの理由でパウロにとって重要な教会でした。ローマ教会の人々の信仰は地中海全域の教会に知られていて（1:8）、影響力があったと思われます。また、帝都（帝国の首都）にある教会として、注目されていたことでしょう。そして、ローマ市は、帝国全体に張り巡らされた、効率の良い道路網の中心でしたので、パウロが志す帝国西部の宣教の拠点としてふさわしい場所にもありました。ちょうどアンティオキア教会が、交通の要所にあるローマ帝国第三の都市にあり、帝国東部の宣教の拠点教会となったように、ローマ教会を西部宣教の拠点にしたいと願ったのは当然のことだったのでしょう。　そこでパウロは、まずローマにしば

らく留まって教会を強め、ローマ教会から派遣されてイスパニア（スペイン）に向けて出発したいと計画を立てていたのです（15:22-24）。

(2) ローマ教会内部の問題：分裂とつまずき

ところがローマ教会は、ユダヤ人と異邦人の間の「分裂」、そして飲食などに関する「つまずき」という二つの大きな問題を抱えていました。

＜分裂＞

もともとユダヤ人と異邦人の間には、各地の都市で商売上の利益や宗教的な問題で確執がありました。それに加え、ローマ教会では信仰理解の違いからも問題が起こっていました。

紀元49年頃に皇帝クラウディウスがローマ市からユダヤ人を追放したので（使18:2）、ユダヤ人キリスト者もローマを離れなければならず、教会は一時、異邦人キリスト者だけになりました。そこに、クラウディウス帝の死後（紀元54年以降）、ユダヤ人キリスト者が戻って来たため、律法をめぐる考え方の違いが浮き彫りになったと思われます。

パウロたちの第一回宣教旅行の後に、教会の指導者たちが集まってエルサレムで会議が開かれましたが、それは、「異邦人も、割礼を受けてモーセの律法を守らないと救われない。神の民に加わることもできない」と主張する人がいたためでした。会議の結論は、「異邦人は、モーセの律法を守らなくても信仰によって救われ、神の民に加えられる。異邦人に律法のくびきを負わせてはならない」というものでした（使15章）。パウロたちは、この決定を第二回宣教旅行で小アジアの諸教会に伝えていきます。しかし、この、律法と信仰の問題の解決は簡単ではありませんでした。ユダヤ人キリスト者は、どうしても律法と割礼を重視して異邦人を導く立場にあると考え、一方、異邦人キリスト者は、自分たちこそが信仰による真のアブラハムの子孫であると誇り、律法とユダヤ人を低く見ていました。そのため、いくつかの教会で二者の間には軋轢（あつれき）があり、ローマ教会でもその問題の解決が求められていました。

＜つまずき＞

ローマ市では、通常、市場で売られていた食肉は、偶像にささげられたものでした。そのため、そのような肉は汚れていて食べてはならないと考えるキリスト者がいて、肉を食べるキリスト者をさばいていました。また、ユダヤ

教には食べてよい肉の種類や、厳密な調理の方法があったため、その規定を守ろうとした一部のユダヤ人キリスト者は、背景の分からない肉はすべて避けていたとも考えられます。一方、すべての食物はきよいと考えて、何でも自由に食べるキリスト者は、肉を食べないキリスト者を見下していました。

＜解決を＞

パウロが語る福音によれば、キリストを中心とする共同体は、ユダヤ人とギリシア人、男と女、奴隷と自由人の間の分裂や差別といった問題を克服できるはずでした。それだけではなく、そのような、人間本来の共同体の在り方を示すことによって、世界を照らす光となる使命を帯びていました。ローマ教会が「分裂とつまずき」(16:17)を乗り越えて一致を回復し、生活のすべての面で神に喜ばれる生き方をするようになることは、パウロの願いであり、緊急の課題でした。

そこでパウロは、第三回宣教旅行も終盤の、ギリシアに滞在していた時期に（使20:1-3）、ローマ教会に向けて手紙を書きました。その中でパウロは、これらの問題を解決するために緻密で徹底した議論を展開していきます。それは新約聖書の中で最も長い手紙となり、キリスト教信仰の真髄を詳細に語る書として、現在に至るまで重視されています。

神のご計画

パウロの教えを手紙から見ていく前に、旧約聖書に精通していたパウロが当然のことと理解し、多くのローマ人キリスト者も共有していた、聖書の語る「神のご計画」(8:28)を概観しましょう。それは、使徒たちが各地で宣べ伝えたメッセージであり（使20:27）、「ローマ人への手紙」の背景となっているため、この手紙を理解するために不可欠なものです。なお、「聖書を読む会」の手引「救いの基礎」とガイドブック「神のご計画」はその「神のご計画」を簡潔に学ぶものですので、ご参照ください。年表

(1) 非常に良く造られた世界

神は天地万物を、愛を込めて美しく造りました。最後に「神のかたち」に造った人を地上に置きました。男と女は、神の愛を受け止めて、神を愛し、互いに愛し合い、「愛と正義の神を表す者として、地を治める」という

「神のかたち」としての使命を果たしていました。そのときの世界は、すべてが非常に良かったのです。

(2) 人の背き
　ところが、人は、神の戒めに背いたために、本来のあるべき姿ではなくなってしまいました。人の罪がもたらす悲しみと苦しみが、家庭、社会、そして被造世界全体にまで広がっていきました。

(3) 救いの約束
　しかし、神は、アブラハムの子孫を通して人と世界を救うと約束されます。その約束は、子孫の中の特別な王メシア（キリスト）によって成就するということが旧約聖書の中で次第に明らかにされていきます。メシアは人の罪を赦し、聖霊によって人の心を新しくし、正義をもって世界を治め、平和をもたらし、自然界をも回復する方であると預言されていました。つまり、神は罪によって歪んだ人と世界を滅ぼし去るのではなく、それをメシア（キリスト）によって回復し完成するというのです。

(4) メシアであるイエス
　そのメシア（キリスト）はイエスである、と宣言するのが新約聖書です。イエスは、神が愛と正義をもって治める「神の国」を地上にもたらしました。そして、全人類の罪のために十字架にかかり、死んで葬られます。しかし、三日目に死人のうちからよみがえることによって、公にメシア（キリスト）であることが示されました。その後、天に昇り神の右の座に着き、世界の王、主として、全世界と歴史を導き始めました。

(5) 教会を通しての世界の回復
　メシア（キリスト）であり、世界の主であるイエスは、十字架のみ業に基づき、聖霊の力により、キリスト者とその共同体である教会の宣教と生活を通して「神の国」を広げておられます。罪によって損なわれた人と世界が回復され始めたのです。そして、私たちも今、メシアによる回復の業にあずかっています。

(6) 再臨と世界の完成
　イエスは再び地上に来られ、神の国を確立します。その時、罪は

さばかれ、悪は完全に払拭されます。被造世界も回復してさらに豊かになります。キリスト者は新しくされた地上によみがえり、イエスと共に王として世界を永遠に治めることになります。この時、神が天地を造られた目的が果たされ、神のご計画が完成します。

　以上が、聖書の語る世界とその救いの全体像です。

　旧約聖書に精通(せいつう)していたパウロは、この神のご計画を背景に、地上の全ての人がイエスを主であり、メシア（キリスト）であると信じて従うようになることを願いつつ、「ローマ人への手紙」を書きました。そのことを念頭に置いて、この手紙を読んでいきましょう。

1課　はじめに　1:1-17

A　あいさつ　1:1-7

「ローマ人への手紙」では、当時の習慣に従って、最初の部分に手紙の送り主であるパウロと、受け手であるローマのキリスト者について述べられています。この部分には、「ローマ人への手紙」を貫く中心的なメッセージが凝縮されています。

1　パウロはどのように自己紹介していますか（1:1）。
　　<u>キリスト</u>[a]、<u>使徒</u>[b]

2　福音（よい知らせ）は誰がどのように約束したものですか（1:2）。
　　<u>預言者</u>[c]、<u>聖書</u>[d]

3　福音は誰に関するものですか（1:3）。

4　イエスは誰の子孫ですか（1:3）。それは何を示していますか。
　　<u>ダビデの子孫</u>[e]

5　イエスが復活したことによって何が示されましたか（1:4）。<u>神の子</u>[f]

---

[a] **キリスト**：ヘブル語の「メシア」のギリシア語訳。メシアは「油注がれた者」の意味。祭司や王の任職式で頭に油を注いだことに由来する。後に、イスラエルを贖い、世界を支配する特別な王を指すようになり、ユダヤ人はその到来を切望していた。

[b] **使徒**：派遣された者の意味。福音を宣べ伝える者として特別に任命されていた。

[c] **預言者**：旧約聖書の時代、神の言葉を人々に伝えた人。

[d] **聖書**：新約聖書で「聖書」と言えば、旧約聖書を指した。

[e] **ダビデの子孫**：メシアはダビデ王の子孫から出ると預言されていた。そのため、「ダビデの子」と言えば、メシアを意味した。

[f] **神の子**：旧約聖書では、ダビデの子孫であるイスラエルの王を指した（IIサム7:11-26）。次第に、来るべきイスラエルの王である「メシア」を指すようになり（詩篇2:7）、一世紀のユダヤ社会では、「神の子」と言ったとき「メシア」（キリスト）を指していた（マタ26:63、ヨハ1:49、11:27、使9:20）。

6 パウロは御子を何と呼んでいますか（1:4）。その言葉にはどのような意味が込められていますか。
　　　　p.11 コラム「主」、p.8 の脚注「キリスト」参照。

7 パウロが受けた使徒の務めの目的は何ですか（1:5）。
　　　信仰の従順〔信仰による従順〕a
　　注）パウロはイエスご自身から異邦人宣教に任じられていました（使 9:15、22:21）。

8 キリスト者はどのような人々ですか（1:6-7）。聖徒〔聖なる者〕b

まとめ ･･････････････････････････････････････

神は、旧約聖書で約束した通りに、ダビデの子孫からメシア（キリスト）を遣わされました。そして、イエスを復活させることによって、イエスこそがそのメシアであることを公に示されました。「イエスがメシアである」、これが福音です。パウロは、すべての異邦人に主イエスへの従順をもたらすよう召された使徒でした。

 考えよう ･･････････････････････････････････

1 福音とは何でしょうか。
2 イエスが世界の王であるならば、私たちにはどのような従順が求められているのでしょう。

祈り ･･････････････････････････････････････

神よ、私たちが、福音のうちに表されたあなたの愛を十分に知り、そして、心から主イエスに従っていけるように助けてください。

---

a 信仰の従順：イエス・キリストへの信仰から生まれる、主への従順。
b 聖徒：神のために取り分けられた人々。

B ローマ訪問を願う　1:8-17

　パウロは手紙のはじめのあいさつで、福音について、そして自分の使命について述べました。次に、パウロはローマ教会への思いと訪問の計画を語ります。

1　パウロは何について神に感謝していますか。感謝している理由は何ですか（1:8）。

2　パウロはどのような思いをローマ教会にいだいていますか。それはどのように表れていますか（1:9-10）。パウロの願いは何ですか。

3　パウロがローマのキリスト者のところに行けるようにと願う理由は何ですか（1:11-15）。実[a]、未開の人[b]

4　十字架の福音は「ギリシア人」（p.15 コラム参照）にとっては愚かな教えに聞こえ、ユダヤ人にとってはつまずきでした（Ⅰコリ1:23）。また、強大な力を誇るローマ帝国の都のただ中で、キリスト者の集まりは小さく弱いものに感じられたことでしょう。ローマ教会には福音を恥じるキリスト者もいたようです。そこで、パウロは何と言っていますか。それはなぜですか（1:16）。

5　福音には何が啓示されていますか（1:17）。
　　神の義[c]、信仰に始まり〔真実により〕[d]

---

[a] 実：パウロが各地での宣教の働きによって生み出した良い結果。改心者や教会が生み出され、キリスト者の信仰が強められたこと。

[b] 未開の人：ギリシア語を話さない帝国外の人々を指す。文化的に低い人々と考えられていた。

[c] 神の義：神は、アブラハムの子孫からメシアを遣わして世界を救うと約束していた。神はその約束に忠実な、正しい方であることを指す。詳細は3章。

[d] 信仰に始まり：「真実に始まり」とも訳せる（新改訳脚注）。この場合、神とキリストの真実のゆえに、信仰による救いが与えられたという意味となる（3:22の新改訳脚注参照）。

まとめ

　すべての人に福音を伝える務めが主から与えられていたパウロは、ローマ教会の人々にも、御子の福音を十分に伝えたいと願っていました。それは、ローマ教会の人々を強めるためだけではなく、パウロ自身も励ましを受けたいと願い、また、他の地域のように、ローマでもよい働きの結果を得たいと思っていたからです。

　ローマのキリスト者は、世界を支配するローマ皇帝のお膝元にいて、福音を恥と感じても不思議ではありませんでした。パウロはそのような人々に「福音は救いをもたらす神の力であり、その福音には、救いの約束を守る神の正しさが啓示されている」と述べて励まします。

 考えよう

1　教会に対するパウロの愛から、私たちが学べることは何でしょうか。
2　日本では、キリスト者は少数派です。そのため福音を恥としてしまうことがあるかもしれません。どうしたらよいでしょうか。

祈り

　神よ、私たちも教会を愛し、教会のために祈り、行動する者としてください。また、パウロのように、「救い」を得させる神の力である福音を十分に理解し、福音を恥としない歩みをさせてください。

── **コラム** ──

「主」

　「主」は、主人を意味する「キュリオス」（ギリシア語）の訳語です。「キュリオス」には「主権者である神」という意味もあります。ローマが帝政期に入ると、自らを神とし、自分のことを「全世界の主（キュリオス）」と呼ばせる皇帝も出てきました。キリスト者がイエスを「主」という時、イエスこそが、私の主人であり、全世界と歴史を治める主権者であり、神であるという告白をしていることになります。

2課 すべての人は罪人　1:18 - 3:20

　神は、「罪のゆえに歪んでしまった世界を救う」という約束に忠実な方です。そのことを明らかにするために、パウロはまず、すべての人が罪人であることを述べていきます。

A　人類の罪　1:18-32

　神に背を向けた人々を、パウロは「真理を阻んでいる〔妨げる〕人々」と呼んで、語り始めます。

1. 神の怒りの前に人々に弁解の余地がないのはなぜですか（1:18-20）。

2. 私たちはどのようなことによって、神の性質、すなわち、神の永遠の力と神性を思い起こすことができますか（1:20）。例を挙げてみましょう。

3. 人々の、神に対する態度、自分自身の在り方、また、彼らの宗教はどのようなものですか（1:21-23）。

4. 1:23の宗教に関しては、どのような例が考えられるでしょうか。

5. 神は天地万物を「非常に〔極めて〕良」いものとして造られました（創1:31）。しかし、神を神としてあがめない結果、どのような歪みが生じましたか（1:23-25）。

6. 偶像崇拝の結果、神はどのような状況に人を引き渡されましたか（1:26-27）。

7. 神を知ることに価値を認めなかった結果は、どのようなものですか（1:28）。

8. してはならないこと（1:28）の例としてどのようなことが挙げられていますか（1:29-31）。

9 そのような行いに対し、神はどのようなことを定めていますか（1:32）。「死」に関しては、p.32 コラム「死と永遠のいのち」参照。

まとめ

パウロは、罪人である人間の姿を四つの段階に分けて次のように説明しました。人間は、1.神を神としてあがめず、偶像を拝むようになり（1:18-25）、2.そのため、男と女が本来の姿から離れてしまい（1:24-27）、3.また、してはならない、あらゆる悪を行うようになって（1:28-31）、4.「死」に直面することになります（1:32）。

考えよう

1 偶像崇拝（1:23、25）の本質は、創造主である神以外の被造物を神のようにあがめ、頼ることです。私たちは何を崇め、何に頼っていますか。

2 創世記によれば、男と女は、共に等しい人間でありながら、違いがあります。その違いをもって補い合い、愛し合いながら、地を正しく治めるように造られました。ところが、偶像崇拝の結果、この良い秩序に歪みが生じました。1:26-27に記されているのは一つの例です。では、男女関係、夫婦関係の歪みには、他にどのようなものが考えられますか。

注）1:26-27 に記されているものには、性同一性障がいなど、障がいの範疇（はんちゅう）に入るものもあるという意見があります。慎重な取り扱いが求められています。

祈り

造り主である神よ、あなたの偉大さは被造世界の大きさや美しさから知ることができます。しかし私たちは、あなたの栄光を他のものに代え、男女の関係を歪め、互いに傷つけあい、してはならないことをするようになってしまいました。どうか、私たちの罪をお赦しください。

B えこひいきのない神　2:1-16

　パウロは、人間の罪の姿を四つの段階を追って説明してきました。次に、自分には罪がないと考えて他人をさばく者に対して議論を始めます。

1 他人をさばく者は、自らどのような行いをしていますか。どのような結末を迎えることになるでしょうか（2:1-3）。

2 他人をさばく人は、何を軽んじていますか（2:4）。

3 その人が神の怒りを蓄えているのはなぜですか（2:5）。
　　神の正しいさばき[a]

4 神は何に応じて報いるのですか（2:6-10）。永遠のいのち[b]

5 神はなぜ、行いに応じて報いるのですか（2:11）。

6 律法を持つユダヤ人も律法を持たない異邦人（ギリシア人）も同じように神に扱われるのはなぜですか（2:12-14）。
　　p.15 コラム「ギリシア人」参照。

7 パウロは「ユダヤ人をはじめギリシア人にも」という言葉を二回繰り返しています（2:9-10）。律法を持つユダヤ人も、持たないギリシア人も、行いに応じてさばかれる、とパウロが強調しています。ここでパウロは何を目指しているのでしょうか。この書が書かれた背景を確認して考えましょう。p.3 ＜分裂＞参照。

8 異邦人の心には何が記されていますか（2:15）。

9 神のさばきは、誰によって、いつ行われますか（2:16）。

---

[a] **神の正しいさばき**：神が世の終わりにキリストによって世界に下すさばきを指す。
[b] **永遠のいのち**：p.32 のコラム参照。ロマ書3、4、8章で詳述。

まとめ

終わりの日には、神は一人ひとりに、その行いに応じて報いられます。善を行う者には永遠のいのちを与え、悪を行う者にはキリストによってさばきを下します。律法が与えられていたユダヤ人も、律法を持たないギリシア人も同じです。神にはえこひいき〔分け隔て〕がないからです。

考えよう

信仰によって救われたと信じるキリスト者の中には、この箇所に違和感を覚える人がいるかもしれません。神がキリストによって、世の終わりに、行いに応じてさばくとパウロが強調することは、私たちにとってどのような意味があると思いますか。

祈り

正しい神よ、あなたはえこひいきのない方で、ユダヤ人もギリシア人も等しく、行いに応じてさばかれます。私たちが罪人であることを認めることができますように。また、悔い改めに導こうとされるあなたのいつくしみ〔慈愛〕と忍耐と寛容を軽んじることがないように助けてください。

コラム

「ギリシア人」

アレクサンドロス大王の支配によって、多くの民族や国家でギリシア語が話されるようになり、ギリシア文化が浸透していきました。ユダヤ人はギリシア語を使う異邦人をギリシア人と呼びました。ギリシア人は文化的に高い人々と考えられていました。

C ユダヤ人の罪　2:17-3:8

　ローマ教会のユダヤ人キリスト者の一部は、ユダヤ人であることを誇り、律法を頼みとしていました。そこで、パウロは、ユダヤ人もギリシア人も、律法の有無にかかわらず、行いに応じてさばかれることを述べました。パウロはさらに論議を続けます。

1 律法が委ねられていたユダヤ人は自らをどう見ていましたか（2:17-20）。
　注）ユダヤ人は、異邦人の光となると言われていました（イザ42:6-7）。

2 ユダヤ人の現実はどのようなものでしたか（2:21-24）。

3 <u>割礼</u>[a]の有無が問題でないのはなぜですか。何が一番大切なのでしょうか（2:25-29）。

4 人目に隠れた真のユダヤ人〔内面がユダヤ人である者〕とは誰でしょう（2:28-29）。<u>心の割礼</u>[b]

5 ユダヤ人のすぐれている点は何ですか（3:1-2）。
　注）ユダヤ人は律法が委ねられているので、神に喜ばれる生活ができるだけではなく、異邦人の模範となり、さらに、異邦人に祝福を広げることができるはずでした（出19:5-6、申4:5-8）。

6 ユダヤ人が律法を行わなかったのは、神への不真実であると書かれています。一方、神は、ユダヤ人と共にいると約束し、また、律法をユダヤ人に委ね、ユダヤ人を通して世界を祝福すると約束し、その約束を守ってきました。そのように、神はユダヤ人に対し真実でした。それでは、ユダヤ人の不真実によって、神の真実は無駄になるのでしょうか（3:3-4）。
　注）このことは、3:21以降で詳しく述べられています。

---

[a] 割礼：ユダヤ教徒の男子が生まれてから8日目に施される包皮の切除。ユダヤ人であることのしるしであり、律法を守っていることの証しとなっていた。

[b] 心の割礼：旧約聖書で預言されていたように（エゼ36:26-27）、イエスを信じる者が、聖霊によって心が変えられ、律法を行うことができるようになること（8章で詳述）。

7 ユダヤ人の不義に対して御怒りを下す神は、不義な〔正しくない〕のでしょうか（3:5-6）。

8 ユダヤ人の偽り（悪行）によって神の真理が明らかにされるのだから、悪を行おう、と言う者はどうなりますか（3:7-8）。
注）パウロはこのように語っていると、ユダヤ人に思われていました。このことは、9章以降で詳しく述べられています。

D ユダヤ人も異邦人も神のさばきに服する　　3:9-20

1 律法が与えられているのはユダヤ人の特権でした（3:1-2）。それでは、ユダヤ人は他の者よりすぐれているのでしょうか（3:9）。それはなぜですか。

2 パウロは9節の言葉を確かなものとするために、旧約聖書を引用していますa。それはどのような内容ですか（3:10-18）。

3 ユダヤ人が神のさばきに服するのはなぜですか（3:19-20）。

4 異邦人を含む全世界が神のさばきに服するのはなぜですか（3:20）。

5 律法を行おうとすると何が生じますか（3:20）。

まとめ

　ローマ教会の中には、他人をさばき、自分を他よりもすぐれていると思う人々がいました。パウロはその根拠を一つずつ崩し、ユダヤ人もギリシア人も、律法を持つ者も持たない者も、神の前に等しく罪人であること、そして、終わりの日には、それぞれが行いに応じてさばきを受けることを述べ、律法を守ろうとしても罪の意識が生じるだけであると語ります。

---

a 詩 14:1-3、5:9〔10〕、140:3〔4〕、10:7、イザ 59:7-8、詩 36:1〔2〕。

🧠 考えよう ・・・・・・・・・・・・・・・・・・・・・・・・・・・・・・・・・・・・・・

1 現代の教会の中に、「クリスチャンらしさ」、「クリスチャンとして当然のこと」「証しになること」などと言われる、何かしらの行いの基準がありませんか。その基準で人をさばくことがないでしょうか。

2 パウロはこの手紙を、ローマにいるキリスト者に宛てて書きました。キリスト者である私たちも、終わりの日に神のさばきの座の前に立ち、行いに応じてさばきを受けることになります。例外はありません。パウロはこのことを手紙の中で強調してきました。そのことをどのように受け止めたらよいでしょうか。

 祈り ・・・

正しい神よ、私たちは罪人です。自分たちの行いに応じて下されるさばきに耐えうる者ではありません。罪人の私たちをお赦しください。

══ **コラム** ══

「救い、救い主」

ローマ皇帝は、異民族の攻撃や飢饉(ききん)などから帝国と国民の生活を守る「救い主」として崇められていました。聖書で使われる「救い」という言葉も、個人の罪の赦しだけを意味するのではありません。

病いや悪霊、また、死と滅びからの救い、そして、世界の苦境や抑圧などからの救いも指す広い意味を持つ言葉です。

イエスはその救いのわざを2000年前に始め、今も継続しておられます。その救いが完成するのは、イエスが再び地上に来て、万物を改めてくださる時です。初代教会のキリスト者は、イエスのみを救い主とし、皇帝を救い主として礼拝することを拒んだため迫害を受けました。当時も今も、誰を「救い主」として生きるのか、ということが問われています。

3課　信仰による義　　3:21-4:25

　パウロは、ユダヤ人もギリシア人も、律法の有無にかかわらず、人は律法を行うことによっては義と認められないと語りました。つまり、人は自分の努力ではどうしても救われることができないことを、徹底的に示してきたのです。しかし、ここでパウロは、義と認められるための別の道を示します。

A　神の義が示される　　3:21-26

1　「神の義」(p.20 コラム参照)は、どのように示されましたか(3:21)。
　　<u>律法とは関わりなく〔律法を離れて〕</u>[a]、<u>律法と預言者たちの書</u>[b]

2　神の義は誰に<u>示される〔現される〕</u>[c]のですか（3:21-22）。

3　人はどのように義と認められるのですか（3:23-24）。
　　<u>キリスト・イエスによる贖い</u>[d]

4　神がキリスト・イエスを宥めのささげ物〔贖いの座〕として示したのは何のためですか（3:25）。

5　神がイエスによる贖いの時まで、罪を見逃してきたのはなぜですか（3:25-26）。今この時に、何を示し、何を明らかにされたのですか。

---

[a] **律法とは関わりなく**：律法の行いとは別の方法で。

[b] **律法と預言者たちの書**：律法とはモーセ五書、預言者たちの書とは預言書のことで、この二つで旧約聖書を指した。

[c] **示される**：22節のギリシア語原文には「与えられる」にあたる動詞はない。22節は、21節の神の義を説明するもので、「すなわち、イエス・キリストを信じることによって、信じる人すべての人に示される神の義です」となる。また、「イエス・キリストの真実によって、信じる人すべての人に示される神の義です」と訳すこともできる。

[d] **キリスト・イエスによる贖い**：旧約聖書の時代、動物が献げられ、その血が流されて、罪が赦された。イエスが私たちのために十字架の上で血を流し、命を捨てたために、信じる者の罪が赦されることを指す。

📖 まとめ

　ユダヤ人もギリシア人も律法を行うことによってはだれ一人、義と認められず、神のさばきに服さなければなりません。しかし、神は、律法とは関わりなく、人を義と認める道を備えられました。それは、イエス・キリストの贖いを通しての道でした。人類と世界を救うというアブラハムに語られた神の約束は、イエスの贖いによって果たされ、そのことにより、神の義が明らかにされたのです。

考えよう

　苦境に陥った息子に「必ず助けに戻る」と約束して去った父親がいるとします。その父親の愛と正しさは、約束を守り助けに戻ることによって示されます。イエスの十字架上の死は、救いの約束を守った父なる神の愛と正しさ（義）を示しています。あなたは神の正しさ（義）をこのように考えたことがありますか。

祈り

　愛の神よ、あなたが私たちの罪を忍耐をもって見逃し、キリスト・イエスの贖いを通して、価なしに義と認めてくださったことを心より感謝します。この恵みをより深く理解し、味わう者としてください。アブラハムに語られた救いの約束に忠実であったあなたをほめたたえます。

コラム

「神の義」

　神はアブラハムを祝福し、すべての部族はアブラハムによって祝福されると約束しました（創 12:1-3）。その祝福とは、アブラハムの子孫を通して世界を救うことです（ロマ 4:13-16。p.4-6「神のご計画」参照）。神は約束を守る正しい方で、この約束をイエスによって果たしてくださいました。「神の義」とは、約束に忠実であった神の正しさを指しています。

B 信仰によって世界の相続人となる（1） 3:27-4:12

　私たちが義と認められるのは、神の恵みにより、キリスト・イエスの贖いを通してです。その恵みは、どのように私たちに与えられるのでしょうか。

(1) 信仰による義　3:27-31

1　私たちが誇れないのはなぜですか（3:27-28）。

2　ユダヤ人も異邦人も信仰によって義と認められるのはなぜですか（3:29-30）。

3　律法を行うことによっては義と認められず、信仰によって義と認められるならば、律法には意味がなく、無効になったのでしょうか。パウロは何と言っていますか（3:31）。
　　注）信仰は律法を無効にせず、かえって律法を確立します。その理由は、4-8章で詳しく述べられています。

(2) アブラハムの信仰　4:1-12

　ユダヤ人たちは、割礼を受けなければ義と認められないと考えていました。

1　アブラハムが自分を誇ることができないのはなぜですか（4:1-3）。p.27 コラム「信仰の父アブラハム」参照。

2　信仰による義は、労働に対する報酬とどのように違うのでしょうか（4:4-5）。

3　ダビデはどのような人の幸いを語っていますか（4:7-8。詩32:1-2 からの引用）。

4　アブラハムが信仰によって義と認められたのは、割礼を受ける前でしたか、後でしたか（4:9-10）。

5 それでは、アブラハムの割礼の意味は何でしょうか（4:11）。ユダヤ人の考え方とどのように違いますか。
「割礼」については p.16 の脚注参照。

6 アブラハムが割礼を受けていないときに、信仰によって義と認められたのは、何のためですか（4:11-12）。

　義と認められるという恵みを自分のものとする道は、行いではなく信仰によります。アブラハムが義と認められたのは割礼を受けたからではなく、神の約束を信じたからでした。
　アブラハムが信仰によって義と認められたのは、割礼を受けないままで信じる異邦人の父となり、また、アブラハムの信仰の足跡に従って歩む、割礼を受けたユダヤ人の父となるためでした。

考えよう

　創世記 15:1-6 を読みましょう。神はカナンの地で、アブラハムに満天の星を見せて「あなたの子孫は、このように（多く）なる」と約束しました。三千数百年後の異邦人である私たち一人ひとりが、あの約束の成就です。アブラハムの子孫とされたことを、思いめぐらし、分かち合いましょう。

　恵みの神よ、私たちもイエスを信じる信仰によって義と認められ、アブラハムの子孫としていただいたことを感謝します。

C 信仰によって世界の相続人となる（2）　4:13-25

　ユダヤ人も異邦人も信仰によってアブラハムの子孫とされます。では、アブラハムの子孫にはどのような約束が与えられているのでしょうか。

(1) 信仰によって世界の相続人となる　4:13-16

1　「世界の相続人」（p.27コラム参照）となるという約束がアブラハムとその子孫に与えられたのは、何によりましたか（4:13）。

2　律法によっては世界の相続人になれないのはなぜでしょう（4:14-15）。

3　どのようにしたら世界の相続人となれるのでしょうか（4:16）。

4　アブラハムの信仰に倣う異邦人は、信仰によって、アブラハムとどのような関係になりますか（4:16）。
　注）「わたしがあなたを多くの国民の父とする」と、神はアブラハムに約束されました（創17:5）。

(2) 何を信じる信仰か　4:17-25

1　アブラハムにとって「望み得ない時」とはどのようなときでしたか（4:17-19）。

2　アブラハムは何を信じて義とされましたか（4:20-22）。

3　私たちは何を信じて義と認められるのですか（4:23-24）。

4　からだが死んだも同然であったアブラハムに、子孫を与えると約束した神を信じる信仰と、主イエスを死者の中からよみがえらせた神を信じる信仰の共通点は何ですか（4:17参照）。

5　主イエスの死と復活は何のためでしたか（4:25）。

まとめ

　神はアブラハムに対し、子孫の数を増やし、カナンの地を与え、そして、アブラハムの子孫が地上のすべての部族を祝福すること、を約束していました[a]。パウロは、その神の計画を4章でより明らかにしました。すなわち、イエスの復活を信じて義と認められた者は、ユダヤ人をはじめ異邦人であっても信仰によるアブラハムの子孫となること、そして、その人々は、カナンの地という限られた地域だけではなく、世界全体を相続し、神と共に世界を正しく治めるようになる、という計画です。

考えよう

　アブラハムの信仰に倣う私たちは、将来、世界の相続人となることが保証されています。私たちが相続し、正しく治めることになる世界は、どのような世界であると思いますか。語り合いましょう。

祈り

　造り主なる神よ、異邦人である私たちも、イエスを復活させた神を信じました。その信仰によって、私たちも義と認められてアブラハムの子孫となり、世界の相続人となることが保証されたことを感謝いたします。

---

[a] 創 12:1-3、15:5-7、17:1-8

4課　キリストとの新しい歩み　5:1-8:39

　信仰によって義と認められ、アブラハムの子孫として世界を相続することが保証された私たちは、日々の生活でどのような歩みをするのでしょうか。

A 喜び〔誇り〕をもって歩む　5:1-11

1　2:6-11によると、神の怒りと憤り、また、苦難〔苦しみ〕と苦悩〔悩み〕は誰の上に下されますか。

2　栄光と誉れと平和は誰に与えられますか（2:10）。

3　神の怒りを受けて当然の私たちは、なぜ神との平和を持てるのでしょうか（5:1-2）。

4　この恵みに導き入れられた者は何を喜んで〔誇りにして〕いますか（5:2）。脚注参照[a]

5　苦難さえも喜べる〔誇れる〕のはなぜですか（5:3-5）。
　　苦難[b]、練られた品性〔品格〕[c]、希望[d]

6　希望が失望に終わらないのはなぜですか（5:5）。

---

[a] **神の栄光にあずかる**：キリスト者が新しくされた世界をキリストと共に治めるとき、キリストと共に栄光を受けることになること（3:23、8:18、21）。「望み」は、下記「希望」と同じ言葉。

[b] **苦難**：使14:22で「苦しみ」と訳されている言葉。信仰ゆえの苦しみも示唆している。

[c] **練られた品性**：苦しみや試練を通して形作られる愛や慎みなどの品性。具体的な例はロマ12、13章に記されている。ガラ5:22-23の聖霊の実も参照。

[d] **希望**：ロマ5:2、8:20、24の「望み」と同じ言葉。世の終わりに体をもってよみがえり、新しい地を相続する希望を指す。

7 　その神の愛は、どのように私たちに明らかにされましたか（5:6-8）。

8 　私たちの将来の救いが確かなのは、どうしてでしょうか（5:9-10）。

9 　私たちが神を喜ぶ〔誇りとする〕ことができるのは、なぜですか（5:11）。

まとめ

　信仰によって義と認められた私たちは、神との平和を持ち、神の栄光にあずかる望みを喜んで〔誇りにして〕います。そして、神の愛が注がれているので、希望をもって苦難に耐え、それにより、品性〔品格〕が生み出されていきます。この神の愛と救いは確かであるがゆえに、私たちは神を喜ぶ〔誇りとする〕ことができます。

考えよう

1 　愛や慎みなどの品性〔品格〕を養うのに、苦難に耐えることが必要なのはなぜだと思いますか。
2 　キリスト者は、何を喜び〔誇りとし〕、なぜ喜んで〔誇りとして〕いるのでしょうか。5:2、3、11を読んで考えましょう。あなたはどうですか。

祈り

　神よ、あなたは私たちを愛して、キリストによって義と認め、救いを確かなものとしてくださいました。あなたのご愛の大きさと救いの確かさを十分に知り、心から喜んで〔誇りをもって〕歩めるように助けてください。

=== コラム ===

「信仰の父アブラハム」

　アブラハムは、メソポタミアの都市国家ウルの出身で、イスラエル民族（ユダヤ人）の先祖。アブラハムが神に導かれてカナンの地に向かったとき、神は、アブラハムに、『カナンの地を与え、子孫を増やし、その子孫を通して人類を祝福する』と約束しました（創12:1-3）。アブラハムは、その後、子どもがないまま100才近くなりました。神がそのアブラハムに対して、アブラハムの子孫が星のように多くなると語ったとき、アブラハムはその言葉を信じ、その信仰が義と認められました（創15:5-6）。その後、アブラハムは神と契約を結んで割礼を受けました（創17章）。

=== コラム ===

「世界の相続人」

　旧約時代の神の民（イスラエル人）は、カナンの地を相続し、その地を正しく治めるよう求められました。イエスを信じる新しい神の民（キリスト者）は、世の終わりに全世界を相続し、キリストと共に治めるようになります。

　創造の時の良い世界は、人間の罪のゆえに歪みました。しかし、世の終わりにそれが回復し完成することになります。

B　永遠のいのちの希望をもって歩む　　5:12-21

　信仰によって義と認められた私たちは、喜び〔誇り〕をもって生き、苦難に耐え、品性が練られていきます。しかし、それだけではなく、永遠のいのちの希望を持つことができます。

1　死はどのように全人類に広がったのですか（5:12-14）。
　　<u>アダムからモーセ</u>[a]

　　注）12節の「一人の人」はアダムを指します。アダムの罪に関しては創3章、また、手引「救いの基礎」2課参照。

　　注）律法の有無にかかわらず、アダムによる罪と死は全人類に広がりました。それはイエス・キリストによる恵みが、律法の有無にかかわらず全人類に及ぶのと同じです。

2　恵みの賜物と違反〔過ち（あやま）〕の違いは何ですか（5:15）。

3　さばきと恵みの違いは何ですか（5:16）。

4　アダムの違反により、死が支配するようになりました。キリスト者はどのような人々で、世の終わりに何をするのでしょうか（5:17）。
　　<u>いのちにあって支配する</u>[b]

5　アダムとキリストの似た面は何ですか（5:18-19）。

6　律法の役割は何ですか（5:20）。

7　アダムの違反によってもたらされた罪は、何によって私たちを支配しますか。キリストの恵みは、何によって支配し、どこに導くのですか（5:21）。p.32 コラム「死と永遠のいのち」参照。

---

[a] **アダムからモーセ**：人類が造られてから律法が与えられるまでの間を指す。神は、モーセを指導者として立て、奴隷であったイスラエルの民をエジプトから救い出し、その後、シナイ山でモーセを通して律法を与えた。

[b] **いのちにあって支配する**：万物の改まる時に、キリストと共に世界を治めること。「支配する」は、黙 22:5 の「王として治める」と同じギリシア語。
p.27 コラム「世界の相続人」参照。

まとめ

　アダムの違反によって、罪と死が世界に広がりました。しかし、今や、神の恵みはイエス・キリストによって私たちを義と認め、永遠のいのちに導きます。そのいのちとは、ついにはよみがえって、キリストとともに新しい世界を治めることです。私たちは、その希望を持って生きることができます。

　下の表に書き入れて、整理してみましょう。

アダムの違反〔過ち〕によって	キリストの恵みによって
（　　　）と定められ	（　　　）と認められ
（　　　）が支配する	（　　　）に導く

考えよう

　不老不死を求めたメソポタミアのギルガメッシュや中国の始皇帝、自分のミイラを作らせたエジプトの王など、古代から現代にいたるまで、人の心の底には、死を越えて続くいのちへの期待があるようです。

　私たちの「生と死」に対する考え方と、ローマ人への手紙5章で学んできた「生と死」は、どのような点で共通し、また、違っているでしょうか。

祈り

　造り主なる神よ、現在、恵みと義の賜物をあふれるばかりに与えられていることを感謝いたします。新しい世界を永遠に治めるようになるという希望を、しっかり持つことができるように支えてください。

C 義の奴隷として歩む　6:1-23

　神の恵みにより義と認められた私たちは、現在、永遠のいのちを持ち、ついにはよみがえって、キリストとともに新しい世界を治めることになります。では、現在の日々の生活の中で、私たちはどのように生きればよいのでしょうか。

1　パウロは、救われた私たちが罪にとどまるべきではない、と言います（6:1-2）。その理由は何でしょうか（6:2-4）。

2　キリストとともに葬られたのは何のためですか（6:4-5）。

3　古い人（罪の性質）がキリストとともに十字架につけられたのは、何のためですか（6:6-7）。

4　キリストとともに死んだ私たちはどうなりますか（6:8）。

5　死がもはやキリストを支配しないことは、どのように分かりますか（6:9-10）。

6　私たちは、罪との関係についてどのようなことを事実として認める〔考える〕べきですか。神との関係についてはどうでしょうか（6:11）。
　　注）キリストによって、私たちのうちに罪の性質がなくなるわけではありません。しかし、罪の力に支配され続けることはなくなりました。

7　罪が暴君のように私たちを支配することがないので、私たちには選択肢が生まれました。どのような道が選べるでしょうか。私たちはどちらを選ぶべきですか（6:12-13）。

8　私たちが、自分自身を罪ではなく神に献げるのはなぜですか（6:14）。

9　私たちが「罪を犯そう」とならないのはなぜですか。二つの選択肢の結末から考えましょう（6:15-16）。

10　ローマ教会のキリスト者は何に心から服従しましたか（6:17）。
　　　教えの規範〔規準〕a

11　その結果、キリスト者はどのような立場から、どのような立場に移されたのでしょうか（6:17-18）。

12　私たちは、以前どのような生き方をしていましたか。今は、どのように歩むべきですか（6:19）。
　　注）具体的な例については12章以降で語られます。

13　罪の奴隷と神の奴隷の、それぞれの実と行き着くところはどのように違いますか。下の表に書き入れて比較してみましょう（6:20-23）。

	罪の奴隷	神の奴隷
実		
行き着くところ		

まとめ

　私たちがキリストと一つになった結果、私たちは罪に対して死に、罪の奴隷ではなくなりました。また、キリストとともに生きることとなり、義の奴隷となりました。そこで、以前のように自分自身を不義の道具として罪に献げるのではなく、義の道具として神に献げなさい、とパウロは命じています。

---

a **教えの規範**：イエスが教えた信仰と生活の基本。使徒たちを通して伝えられた。

考えよう

1. 奴隷制度があたりまえの世界に生きていたパウロは、罪の問題を、奴隷と主人の関係にたとえて説明しようとしています。奴隷は主人の命令に逆らうことはできませんでした。では、『罪の奴隷から解放された』ということはどのような意味を持つと思いますか。
2. 私たちが『罪の奴隷ではなくなった』ということを事実として認めた場合と、認めない場合とでは、キリスト者の生活のなかでどのような違いが生じると思いますか。

祈り

救いの神よ、私たちがキリストと一つとなって、罪に対して死んだ者となったことを感謝いたします。罪の力が、もはや私たちを支配しないことを信じます。私は、義の奴隷として自分自身を献げます。あなたに従っていけるように、聖霊によって助けてください。

コラム

「死と永遠のいのち」

パウロはローマ人への手紙の中で「死」と「永遠のいのち」を頻繁に対比しています。

パウロが「死」というとき、いくつかの意味が込められています。命の与え主である唯一の神に背を向けていることで、神との関係において死に、罪の奴隷となり、本来の生き方ができない現在の状態（霊的な死）。次に、肉体の死。そして、終末のさばき（ロマ 2:5、黙 20:14-15）です。

それに対し、キリストがもたらした「永遠いのち」は、信じた時に与えられるもので、それは、現在、罪の奴隷から解放されて、キリストと共に生き、人が本来の姿に回復されていくいのちです。私たちは、一度は死にますが、永遠のいのちが与えられているため、終わりの日には、死に打ち勝ち、肉体をもってよみがえり（ヨハ 6:40）、新しい地上で、主と共に永遠に王として治めることになります（黙 22:5）。

D 律法の役割を理解して歩む　7:1-25

　私たちはキリストと一つとなった結果、罪の奴隷ではなくなり、自らを義の道具として神に献げる歩みを始めました。では、私たちにとって、律法はどのような意味があるのでしょうか。

　ローマ教会では、「異邦人も、割礼を受けて律法を行わないと救われない」とするユダヤ人キリスト者と、律法を軽視する異邦人キリスト者との間の軋轢（あつれき）が高まっていました。そのため、律法について正しく理解することが両者に求められていました。

　7章でパウロは、自らをユダヤ人の代表として、おもにユダヤ人キリスト者に向かって律法の役割について語っています。

1　ユダヤ人キリスト者はどのように律法から解放されましたか（7:1-4）。

2　ユダヤ人キリスト者が律法に対して死んだのは何のためですか（7:4）。

3　ユダヤ人キリスト者が<u>肉にあったとき</u>[a]、律法によって何が起き、どのような実を結びましたか（7:5）。

4　今はどのような状況ですか（7:6）。<u>古い文字</u>[b]
　　注）聖霊による歩みは、8章で詳しく述べられています。

5　律法によって何を知りましたか（7:7）。

6　罪は戒めをどのように利用しましたか（7:8）。

7　ここでパウロはユダヤ人の代表として語っています。また、「戒め」とは、律法の中の個々の命令を指しています。モーセを通して律法がユダヤ人に与えられた時、ユダヤ人はどうなりましたか（7:9-10）。
　　<u>かつて律法なしに</u>[c]

---

[a] **肉にあったとき**：6:6の「古い人」と同じ。キリストと結ばれる以前の自分。あるいは律法に対して死ぬ前の自分。
[b] **古い文字**：律法を指す。
[c] **かつて律法なしに**：アダムからモーセまでの間（5:13-14）。

8 律法の本来の目的はなんですか。実際は律法によってユダヤ人はどうなりましたか（7:10）。<u>いのちに導くはずのこの戒め</u>[a]

9 律法は、なぜその良い目的を果たせないのでしょう（7:11）。

10 では、律法が悪いものなのでしょうか（7:7、12）。

11 律法が死をもたらしたのではないとするならば、何が死をもたらしたのでしょうか（7:13）。

12 自分がしたくない悪を行ってしまうのは、なぜですか（7:14-20）。

13 ユダヤ人にはどのような葛藤（かっとう）がありますか（7:21-25）。
<u>心、肉〔五体〕</u>[b]

モーセがユダヤ人に与えた律法は、人間共同体のあるべき姿を示したもので、正しく、良いものであり、それを行えばいのちと祝福が与えられるはずでした。しかし、人間のうちには善が住んでいないため、ユダヤ人は律法が示す善を行いたくても行うことができず、かえって、したくない悪を行ってしまいます。人をいのちに導くはずの律法は、人の罪のゆえに、死に導くものであることが分かりました。

---

[a] **いのちに導くはずのこの戒め**：律法は、本来の人間共同体のあるべき姿を示したもの。律法を守れば、カナンの地で長生きし、子孫の数が増え、産物と家畜に恵まれるなど、神と共に歩む幸いな生活が約束されていた（レビ18:5、申30:15-20など）。

[b] **心、肉**：罪は肉体だけにあるという意味ではなく、律法の正しさを認める面とそれを実行できない面の葛藤を描いている。

考えよう

1. 異邦人にも割礼を受けさせ、律法を守らせるべきであると主張した一部のユダヤ人キリスト者（使15:1、5）は、7章から何を学ぶべきでしょうか。
2. 律法は悪であり、耳を傾ける必要はないと考えていた異邦人キリスト者がいたとすれば、何を学ぶべきでしょうか。

祈り

神よ、私たちも、自分たちのうちに善が住んでいないため、善を行いたくてもできず、悪を行ってしまいます。私たちは、自分の力ではどうすることもできません。あなたの助けを乞い求めます。

E 聖霊によって歩む　8:1-13

　律法は良いもので、人をいのちに導くはずでした。しかし、人間のうちには善が住んでいないため、人は律法が示す善を行うことができません。律法は人を罪に定めて死をもたらします。この問題の解決はどこにあるのでしょうか。パウロは、5-7章で述べてきたことに基づいて、その解決を語ります。

1　私たちは律法を守れないため、罪に定められるのでしょうか（8:1）。

2　私たちが罪に定められないのはなぜですか（8:2）。
　　　いのちの御霊の律法[a]、罪と死の律法[b]

3　私たちの肉（罪の性質）のために律法にはできないことを、神がしてくださいました。それは何ですか（8:3）。肉において罪を処罰[c]

4　その目的は何ですか（8:4）。律法の欲求[d]

5　肉（罪の性質）に従う者の歩みはどのようなものですか（8:5-8）。

6　聖霊が私たちのうちに住んでおられるなら、どうなりますか（8:9-11）。

---

[a] **いのちの御霊の律法**：聖霊によって私たちの心が変えられ（2:29）、いのちが与えられて新しい歩みをすることができ（6:4、7:6）、永遠のいのちに至ること（6:22）。すなわち、今までパウロが述べてきた、キリストにある救いを指す。永遠のいのちに関してはp.32 コラム「死と永遠のいのち」参照。

[b] **罪と死の律法**：私たちが律法を行うことができないので、罪に定められ、死に至ること（7:10）。

[c] **肉において罪を処罰**：キリストが私たちの罪のために死んでくださったことによって（4:24-25）、私たちは義と認められて、いのちが与えられ（5:18）、キリストと一つとなって罪の奴隷ではなくなり（6:6-8）、キリストとともに生きるようにされたことを指す。

[d] **律法の欲求**：人に、本来のあるべき歩みをさせ、いのちを与えること（7:10-12）。

7 御霊〔霊〕によって^a、からだの行い^bを殺す^cなら、どうなりますか（8:12-13）。

私たちは、善を行うことができずに、死に至る道を歩んでいました。しかし、御子の死によって、善を行い永遠のいのちに至る道へと導き入れられました。キリストの死は、人を義と認めただけではなく、罪に打ち勝つことができるようにしたのです。聖霊によって、罪と徹底的に戦い、善を行っていくなら、私たちは生き、永遠のいのちに至ります。

1 「私たちは赦された罪人なので、罪に負けても仕方がない」という考え方と、パウロが今まで述べてきた教えはどのように違うでしょうか。
2 自分の意志的な努力で罪と真剣に戦うことと、聖霊の助けを得て歩むことは相容れないものでしょうか。

祈り

父なる神よ、御子の死によって、私たちが罪の奴隷ではなくなっただけではなく、聖霊を与えてくださり、神に従うことができるようにされたことを感謝します。この恵みを信じ、日々あなたに信頼して罪と戦い、善を行う者としてください。

---

^a **御霊によって**：自らを神に献げて正しい行いをすることは、聖霊の助けによってのみ可能となることが強調されている。

^b **からだの行い**：善をしたいと思いつつも悪を行ってしまう自分（からだ）の行いを指す（7:21-23）。

^c **殺す**：罪と徹底的に戦うこと。罪との戦いは、ここで、生死をかけたものとして表現されている（7:23）。自分自身を不義の道具として罪に献げるのではなく、義の道具として神に献げる（6章）のと同じ内容を指す。

F 世界の相続人として歩む　8:14-25

聖霊が与えられたことで、私たちは善を行うことができるようにされました。その歩みは、罪と戦い続けるという、苦しみの伴うものです。しかしパウロは、そのような歩みには、栄光に至る望みがあると励まします。

1 私たちが聖霊を受けた結果、私たちと神との関係はどう変わりましたか（8:14-16）。アバ〔アッバ〕[a]

2 神の子どもであるなら、私たちは相続人でもあると言われています（8:17）。何を相続するのでしょうか。
　　　　p.27 コラム「世界の相続人」参照。

3 私たちが、キリストとともに共同相続人であることは、どのようにして分かりますか（8:17）。苦難〔苦しむ〕[b]、栄光[c]

4 今の苦しみは、将来の栄光に比べて取るに足りない（8:18）、とパウロが考えるのはなぜだと思いますか。

5 被造物は何を待ち望んでいますか（8:19）。神の子どもたちが現れる[d]

6 なぜ待ち望んでいるのですか（8:20）。虚無に服した[e]

---

[a] **アバ**：アバはアラム語で、父を意味する。
[b] **苦難**：原語では、十字架上のイエスの苦しみや、パウロが経験した信仰と宣教ゆえの苦しみを表す言葉と同じ種類の語。
[c] **栄光**：キリスト者が新しくされた世界をキリストと共に治めるとき、キリストと共に受ける栄光を指す。8:30 参照。
[d] **神の子どもたちが現れる**：キリストの再臨の時に、信仰者がよみがえって新しくされた世界を相続することを指す。
[e] **虚無に服した**：人間の罪のゆえに、被造世界が呪われ、滅びに定められたことを指す（創 3:17-18）。次頁 c「うめき」も参照。

7 被造物にはどのような望みがありますか（8:21）。
<u>滅びの束縛〔滅びへの隷属〕</u>ᵃ、
<u>神の子どもたちの栄光の自由にあずかる</u>ᵇ

8 被造物の今の状態はどのようなものですか（8:22）。<u>脚注参照</u>ᶜ

9 私たちの今の状態はどのようなものですか（8:23）。<u>脚注参照</u>ᵈ

10 栄光を受ける（8:17）という望みを持っている私たちは、その日をどのように待つのでしょうか（8:24-25）。

 まとめ ・・・・・・・・・・・・・・・・・・・・・・・・・・・・・・・・

聖霊が私たちを神の子どもとしてくださったので、将来、私たちは新たにされた世界をキリストと共に相続し、キリストとともに栄光を受けます。それは、今、キリストと苦難をともにしていることからも明らかです。

被造物はうめきつつ、滅びの束縛から解放されるその日を待ち望んでいます。私たちも、肉体をもってよみがえるその日をうめきながら待ち望んでいます。

ᵃ **滅びの束縛**：「虚無に服した」と基本的に同じ内容。

ᵇ **神の子どもたちの栄光の自由にあずかる**：キリストの再臨の時に、被造世界は呪いから解放されて新たにされる。信仰者は、体をもってよみがえって栄光にあずかり、被造世界を正しく永遠に治めることになる。

ᶜ **うめき**：キリストが十字架の上で罪と悪に対して勝利したとはいえ、罪や悪との闘いが続いていることからくる苦しみを指す。被造物にとっては、未だに呪いのもとにあり、罪ある人間の支配に苦しんでいる状態。
産みの苦しみ：世界が新しくなり、被造物が呪いと滅びから解かれることを望みつつ、今、苦しんでいることを出産に例えている。

ᵈ **からだが贖われること**：上記脚注「神の子どもたちの栄光の自由にあずかる」と同じ。

考えよう

1. 私たちの「うめき」とはどのようなものだと思いますか。自分の体験から語り合いましょう。p.39 脚注「うめき」参照。
2. 被造物（被造世界）の「うめき」は、たとえばどのようなものが考えられるでしょうか。
3. 産みの苦しみには、必ず喜びが訪れます。私たちは、うめきつつ、どのような世界を待ち望んでいるでしょうか。下記コラム「内村鑑三が待ち望んでいた世界」参照。
4. そのような世界を待ち望む者として、人間と被造世界のうめきの中で、できることは何でしょうか。

祈り

　造り主なる神よ、私たちも被造物も、罪の影響のもとでうめいています。キリストとともに世界を相続する日を忍耐して待ち望み、聖霊によって、世界の相続人にふさわしく歩ませてください。

コラム

「内村鑑三が待ち望んでいた世界」

　内村鑑三は100年以上前に、以下のような世界を望んでいました。「われら、キリストと共に再びこの世に来る時は、このやぶれたる、濫用されたる地にくるのではない。悪人の貪欲を充たすためにはがれたる山の林は再び初代の鬱蒼に帰り、貴人の狂想を満たすために狩り尽くされたる鳥と獣とは再び原始の繁栄に復し、こずえには、数限りなき小鳥は猟師に驚かされずしてさえずり、流れには群なす小魚は漁夫の網目を恐れずして、おどる。万草、路傍に色を競い、喬木、森に高きを争い、河水は増すも、岸を越えて民を悩まさず、池水は、かわくことあるも、渓水常に絶ゆることなくして、地は旱魃を忘る。われらは、かくのごとき地に再び臨み来るのである。」（「聖書之研究 1904 年 7 月」）

G 聖霊にとりなされて歩む　8:26-30

　私たちは、終わりの日にからだの贖われること（肉体をもってよみがえること）を熱心に待ち望んでいます。しかし同時に、弱い私たちは、罪の現実の中でうめき、どう祈ったらよいか分からないほどの苦しみを経験しています。

1　そのような私たちのために、聖霊は何をしてくださいますか（8:26）。

2　8:22、23、26 はそれぞれ誰がうめいていますか。なぜ同じ言葉が使われているのでしょう。

3　聖霊のとりなしによって、神は私たちの苦しみを知っていてくださいます（8:27）。祈ることさえできないほどに苦しむ私たちにとって、そのことは、どのような励ましになるでしょうか。
　　人間の心を探る〔見極める〕方[a]

4　苦しみや弱ささえも「ともに働いて益となる」のは、誰のためであり、何のためでしょうか（8:28）。p.42 コラム「神のご計画」を読んで考えましょう。

5　私たちが御子のかたちと同じ姿〔に似たもの〕に定められたのは、何のためですか（8:29）。p.44 コラム「神のかたち（像）」を読んで考えましょう。

6　神が御子のかたちと同じ姿に定めた人々はどうなりますか（8:30）。栄光[b]

---

[a] **人間の心を探る方**：父なる神。
[b] **栄光**：新しくされた世界をキリストと共に治めるとき、キリストと共に受ける栄光を指す。

まとめ

　苦しみうめく私たちのために、聖霊はうめきをもってとりなしてくださいます。そのとりなしの祈りに応えて、神はすべてのことを働かせて益としてくださいます。その結果、御子のかたち（像）と同じ姿にあらかじめ定められていた私たちは、罪に打ち勝って品性〔品格〕が練られ、神のかたちらしく世界を治めることができるようになっていきます。そして、ついには、キリストと共に世界を治める栄光にあずかることになります。

 考えよう

　罪の現実のなかでうめいているにすぎない私たちの歩みが、世界の回復につながっていることをどう思いますか。

祈り

　神よ、私たちのために、聖霊がとりなしてくださっていることを感謝します。苦しみうめく私たちの品性を練り、愛と正義によって歩めるように支えてください。

コラム

「神のご計画」

　8:28 の「神のご計画」は、「ローマ人への手紙」の中でパウロが述べてきた救いの全体像を指します。神は、アブラハムの子孫を通して、罪によって歪んだ人と世界を回復し、完成させると約束しました。アブラハムの子孫とは、イエスを信じるユダヤ人とイエスを信じる異邦人を指します。

　また、その回復は、キリスト者の苦難と練られた品性〔品格〕（5:3-5）、また罪との闘い（6:12、8:13）を通してなされることが述べられてきました。「まえがき」の「神のご計画」も参照。エペソ 1:11 では「ご計画」と同じギリシア語が「目的」と訳されています。

H 神の愛を確信して歩む　　8:31-39

　私たちが、壮大な神のご計画にしたがって召され、ついには栄光にあずかることを、パウロは述べてきました。パウロはこれらのことに基づいて、神の愛を確信して歩むように私たちを励まします。

1　私たちの人生の中で、敵に囲まれ、孤立無援と感じるとき、神について何を信じたらよいでしょうか（8:31）。

2　貧しく、欠乏し、行き詰まったとき、私たちは、神について何を信じたらよいでしょうか（8:32）。

3　人に責められ、断罪されたとき、私たちは、キリスト・イエスについて何を信じたらよいでしょうか（8:33-34）。

4　苦難、迫害、飢えや死の危険にさらされ、神に見捨てられたと感じるとき、私たちは、キリストについて何を信じたらよいでしょうか（8:35-36）。

5　「圧倒的な勝利者です〔勝って余りあります〕」というのは、どのような意味だと思いますか（8:37）。

6　パウロは、これらの苦しみの中でも私たちが「圧倒的な勝利者です〔勝って余りある〕」と断言しますが、その根拠は何ですか（8:38-39）。

まとめ

　パウロが8:30までで語ってきたような、天地創造に始まり、私たちが世界を相続するまでの、神の壮大なご計画を理解することは、キリスト教信仰の基本です。その基本を理解していくときに、神の愛をより深く確信できるようになります。そして、神の愛を確信することによって、日々うめきつつも、神のご計画の実現に向かって前進することができるのです。

考えよう

1 神のご計画を知ることと、神の愛を知ることが一つとなっているのはなぜだと思いますか。
2 厳しい現実の中で、敗北しているようにさえ見えるにもかかわらず、私たちは圧倒的な勝利者である〔勝って余りある〕とパウロは断言しています。それは具体的にどのようなことだと思いますか。

祈り

愛の神よ、私たちがあなたのご計画をより深く知って、あなたの揺るぎない愛をますます確信できるように聖霊によって助けてください。

コラム

「神のかたち(像)」

創世記1:27で、人は「神のかたち(像)」に造られたとあります。古代中近東において「神のかたち(像)」とは、目に見えない神の、目に見える代理人である地上の王を指す言葉でした。神の代理人である王は、愛と正義によって王国を治めることが、民に期待されていました。

王を指すこの言葉が、聖書では人類全体を指して使われています。人は、目に見えない神の、目に見える代理人として、神のような愛と正義によって地上を治めるように造られたのです。ところが人は、罪によって歪み、暴君となって被造物を過酷に支配するようになりました。しかし神は、そのような人と被造物を救うために御子を遣わしてくださいました。

「御子は、見えない神のかたち」（コロ1:15）とあるように、キリストは、世界を正しく治めてくださる真の人です。そして、「御子のかたちと同じ姿〔に似たもの〕にあらかじめ定められた」（8:29）信仰者は、聖霊によって「主と同じかたちに姿を変えられていきます」（Ⅱコリ3:18）。つまり、キリスト者は、世界を正しく治める「神のかたち」、真の人として歩めるように変えられていくのです。

世界が新しくされるときには、キリスト者は、主とともに世界を「世々限りなく王として治め」ることになります（黙22:5）。ここにおいて、創造の目的が完成されます。

5課 ユダヤ人の救い　9:1-11:36

パウロは、8章までに律法が与えられた目的を明らかにし、神の下さる救いの広さ、深さを語りました。次に、救いのご計画の中のユダヤ人の位置付けを語ります。

注) パウロは旧約聖書との関連で語るときには「イスラエル」という言葉を使っていますが、「ユダヤ人」と同じ意味です。

A　あわれみゆえの選び　9:1-29

1　パウロは、同胞のユダヤ人についてどう思っていましたか（9:1-3）。

2　ユダヤ人の特権は何ですか（9:4-5）。

3　特権にもかかわらずユダヤ人の多くはかたくなになって、キリストを拒みました。では世界を祝福する民となるという、約束のみことばは無効になったのでしょうか。なぜですか（9:6-13）。年表
アブラハムの子どもたち〔子孫〕ª、リベカᵇ、
選びによる神のご計画ᶜ

4　神は約束を受け継ぐ子孫を選んできました。それは不正なことでしょうか。なぜですか（9:14-18）。あわれもうと思う者をあわれみᵈ、
わたしはあなたを立てておいたᵉ、あわれみ…頑なにされるᶠ

ª **アブラハムの子どもたち**：創17:19。女奴隷ハガルがアブラハムに産んだイシュマエル、そして、妻サラが産んだイサクを指す。神はイサクを選び、イサクが約束を受け継いだ。

ᵇ **リベカ**：アブラハムの子イサクの妻。エサウ（兄）とヤコブ（弟）を産んだ。
神はヤコブを選び、ヤコブが約束を受け継いだ。

ᶜ **選びによる神のご計画**：すべての子孫が約束を受け継ぐのではなく、神に選ばれた者だけが受け継ぐ。それは、イエスの時代に始まったことではなく、アブラハムの子孫の最初からそうであった。約束は選びによって無効になるのではなく、かえって全うされる。

ᵈ **あわれもうと思う者をあわれみ**：出33:19。イスラエルが金の子牛を作ったにもかかわらず、神が民をあわれんだときの言葉。

ᵉ **わたしはあなたを立てておいた**：出9:16。神はパロの心を頑なにして十の災いを下した。そのことを通して神はご自分の力を世界に示し、また、イスラエルをエジプトから救い出した。

ᶠ **あわれみ…頑なにされる**：神の選びは、神に逆らう民をあわれんで救うためであることを示している。

5 人を頑なにするのも神の計画ならば、どうして神は人を責めるのでしょうか（9:19-21）。陶器師〔陶工〕[a]

6 神の選びが、寛容と忍耐のゆえであることは、どうしてわかりますか（9:22-23）。怒りの器[b]

7 あわれみの器として召されたのは、どのような人たちですか（9:24）。

8 預言者ホセアは何と言っていますか（9:25-26）。わたしの民と呼び[c]

9 イザヤは何と言っていますか（9:27-29）。残りの者[d]、ソドム、ゴモラ[e]

---

[a] **陶器師**：イザ 29:16、45:9。造り主を陶器師にたとえ、その造り主に対し、造られたイスラエルが言い逆らう状態を描いている。それはパウロと論争する者も同じである。

[b] **怒りの器**：神が怒って滅ぼしても当然であるイスラエルを指す。エジプトから導き出されてカナンの地に定住したイスラエル人は、預言者の警告にもかかわらず、神に逆らい続けた。パウロの時代も同じである。

[c] **わたしの民と呼び**：ホセ 2:23〔25〕、1:10〔2:1〕。神に逆らって一度は退けられたイスラエルが回復されること。パウロはこれを、イスラエルだけではなく異邦人をも指して使っている。

[d] **残りの者**：イザ 10:22-23、1:9。神に選ばれて救われるのはイスラエルの一部であること。イザ 10:22-23（ロマ 9:27-28）は世の終わりに神が全世界に下すさばきのことを語っている。

[e] **ソドム、ゴモラ**：創 19:24-25。この町の住人の罪が深いので、神は硫黄の火によって町を滅ぼされた。

まとめ

　ユダヤ人の多くはメシアであるイエスを拒みました。だからといってアブラハムへの約束が無効になったわけではありません。ユダヤ人は滅ぼされて当然であるのに、神はあわれみの器をユダヤ人の中から、そして、異邦人の中からも選び、召してくださいました。あわれみゆえの選びと召しは、聖書の歴史を通して神が繰り返しなされたことです。
　ユダヤ人の一部の選びは、救いのご計画にしたがって預言されていました。その選ばれた一部のユダヤ人に異邦人が加わって、新しい神の民となりました。この民を通して、アブラハムへの約束が成就されていきます。

 考えよう

　ローマ教会にはユダヤ人と異邦人がいましたが、パウロは、異邦人も含め、読者が旧約聖書をよく知っていることを前提で語っています。神の恵みの豊かさを知るために、旧約聖書を知ることは大切です。私たちはどうでしょうか。今、旧約聖書をどのように学んでいますか。

祈り

　恵みの神よ、滅ぼされて当然の私たちをあわれみ、選び、そして「わたしの民」と呼んでくださることを心より感謝いたします。

B ユダヤ人の不信仰　9:30-10:13

　パウロはユダヤ人の一部が選ばれたのは神の不正ではなく、さばかれて当然の者を救おうとする神のあわれみであると述べました。しかし、ユダヤ人の一部しか選ばれなかった理由には別の一面があります。

1. 異邦人が義と認められ、ユダヤ人が義を追い求めながらも義を得られなかった理由は何ですか（9:30-33）。<u>つまずきの石</u>[a]

2. 神に対して熱心であるユダヤ人の問題は何ですか（10:1-3）。<u>神の義</u>[b]　注）「彼ら」とはユダヤ人のことです。

3. 義が信じる者に与えられるのはどうしてですか（10:4）。<u>律法が目指すものはキリスト〔キリストは律法の終り〕</u>[c]

4. 義が信じる者すべてに与えられる（10:4）という「信仰のことば」は、<u>近くにある</u>[d]、とパウロは述べています（10:5-8）。どのようにしたら人は救われるのでしょうか（10:9-10）。
   注）心で信じていることは、口で告白されることになります。この二つは別々のことではありません。

---

[a] **つまずきの石**：イザ 28:16、8:14。新しい神の民の礎(いしずえ)となるメシアに信頼する者は、失望させられることはない。しかし、メシアは、信じない者にとっては、その者自身の救いを遠ざける、つまずきの石となる。

[b] **神の義**：神は、イエスの贖いにより、信じる者を義と認めてくださった。それは、神がアブラハムへの約束に忠実であったことを示している。約束に忠実であった神の正しさを神の義と言う。ユダヤ人の多くはこの神の義を認めなかった。3:21-26 参照。p.20 コラム「神の義」参照。

[c] **律法が目指すものはキリスト**：「律法の目的」とも訳すことができる。律法は、本来、人を義と認めて「いのちを与えること」を目指していたが、律法にはそれができず、行おうとする者に罪の意識を生じさせただけであった（7章）。キリストだけが律法の目的を成就し、信じる者に義を与えることができることを表す。

[d] **近くにある**：申 30:12-14。イスラエルは、律法に従わなかったために各地に散らされた。しかし、彼らが悔い改めるとき、心が変えられ、みことばを行うことができるようになると、申命記 30 章は語る。ロマ 8 章参照。

5 何を告白し、何を信じると救われるのですか（10:9）。
p.11 コラム「主」参照。

6 救われるために、イエスの復活が重要なのはなぜですか。
1:4、4:25、8:11 から答えましょう。

7 主に信頼する〔信じる〕者はどうなりますか（10:11。イザ 28:16 の引用）。

8 救いにユダヤ人とギリシア人の区別がないのはなぜですか
（10:12-13。ヨエ 2:32〔3:5〕の引用）。
注）ヨエ 2:32〔3:5〕の「主」はヤハウェ、すなわち、天地を造り、イスラエルをエジプトから贖い出したまことの神を指しています。ここでイエスとヤハウェが同一視されています。

まとめ

ユダヤ人は行いによって義を得ようとして到達できませんでした。それは、信仰によって追い求めず、身近に語られた信仰のことばに聞かなかったからでした。しかし、イエスを主と告白し、神がイエスを復活させたと信じる者は誰でも救われます。

考えよう

旧約聖書に基づくパウロの論議は、私たちにとって難解かもしれません。しかし、パウロがどうしても伝えたいことは明らかです。あなたは 10:9 のように告白し、信じますか。

祈り

10:9 を自分の言葉で祈りましょう。

C ユダヤ人の残りの者　10:14-11:10

信仰によって救われるという「信仰のことば」は、まずユダヤ人に語られたのですが、ユダヤ人は不信仰のゆえに拒みました。では、ユダヤ人全員が退けられてしまったのでしょうか。

1　信仰は、何から始まり、どのような段階を通って信仰に至りますか（10:14-15）。<u>良い知らせ</u>[a]

2　すべてのユダヤ人がこの良い知らせ、福音に従ったのでしょうか（10:16）。<u>だれが信じたか</u>[b]

3　ユダヤ人は福音を聞かなかったのでしょうか（10:17-18）。
　　<u>そのことばは、世界の果てまで</u>[c]

4　ユダヤ人は、自らが神に逆らい、救いが異邦人に及ぶことになるとは知らなかったのでしょうか（10:19-21）。
　　<u>民でない者</u>[d]、<u>わたしを探さなかった者〔私を求めない者〕</u>[e]、<u>反抗する民</u>[f]

---

[a] **良い知らせ**：主がシオンに帰り、捕囚の民を贖い、回復するという良い知らせ（イザ52:7）。イエスによって成就した。すなわち、捕囚からの回復は、イエスによってなされたことになり、このことも、イエスと神が一つであることを示している。

[b] **だれが信じたか**：苦難のしもべを語る53章の導入部分（イザ53:1）。苦難のメシアをユダヤ人が信じないことを預言している（ヨハ12:37-38 参照）。

[c] **そのことばは、世界の果てまで**：主の栄光とみことばが世界の果てにまで及んでいるという箇所（詩19:4〔5〕）。ローマ帝国東部の広い地域に神のことばを伝えたパウロは、自分の働きをこの詩篇によって表している（コロ1:23）。

[d] **民でない者**：イスラエルに災いをもたらす異邦人を指した（申32:21）。パウロは「民でない者」という言葉を、「確かに災いをもたらしてきたが、今や神に選ばれて神の民となり、イスラエルにねたみを引き起こすことになる、救われた異邦人」を指して使っている。

[e] **私を探さなかった者**：反逆のイスラエルを指したが（イザ65:1）、パウロは、回心する異邦人を指している。

[f] **反抗する民**：イザヤの時代（イザ65:2）もパウロの時代も、イスラエルは神に逆らっているが、神は救いの御手を差し伸べている。

5 ユダヤ人がメシアを拒んだのは、神がご自分の民を退けられたからでしょうか（11:1）。

6 退けられていない具体例は誰ですか（11:1）。

7 旧約時代のエリヤの出来事は、パウロの体験とどのような共通点がありますか（11:2-6）。<u>エリヤ</u>ᵃ

8 選ばれなかった者はどうなりましたか（11:7-10）。
<u>鈍い心〔眠りの霊〕</u>ᵇ、<u>彼らの食卓が…曲げておいてください</u>ᶜ

まとめ

ユダヤ人の多くは、預言されていたようにイエスを拒みました。しかし、だからといってユダヤ人全体が退けられたのではありません。一部のユダヤ人は、パウロや他の弟子たちのように、選びによって残され、信仰を持ちました。しかし、他の者はかたくなにされました。

ᵃ **エリヤ**：エリヤはイスラエルの王と偶像の預言者を相手に戦い、勝利を得たが、殺害者の手から逃れ、疲れと死の恐怖さえ感じていた（Ⅰ列19:14）。パウロは、そのエリヤに主が語った励ましの言葉（Ⅰ列19:18）を11:4で引用し、ユダヤ人の中にイエスを信じて救われる、「残された者」がいることを語っている。

ᵇ **鈍い心**：エジプトから奇跡をもって救い出され、約束の地に近づいたイスラエルは、それでも主に従わなかった（申29:4〔3〕。イザ6:9-10参照）。それは、パウロの時代に、メシアであるイエスを拒み続けているユダヤ人の心と同じである。

ᶜ **彼らの食卓が…曲げておいてください**：ダビデを故なく苦しめる者に対してダビデが願った正しい裁き（詩69:22-23〔23-24〕）。イエスを拒むユダヤ人が、かたくなにされていることをここで表している。

D ユダヤ人がつまずいた意味　11:11-36

　ユダヤ人は、不信仰のゆえにイエスを拒みました。パウロは、その出来事の意味を解き明かしていきます。

1　ユダヤ人の一部がつまずいたのは何のためですか（11:11）。

2　パウロの願いは何ですか（11:12-15）。

3　異邦人キリスト者がユダヤ人に対して誇ってはならないのはなぜでしょうか（11:16-20）。

4　異邦人キリスト者は、どのような警告を受けていますか（11:21-22）。

5　ユダヤ人が不信仰の中に居続けないなら、どうなりますか（11:23）。

6　まことの神を信じるユダヤ人がイエスをメシアと信じるのと、神を信じない異邦人が回心するのとは、どちらがたやすいとパウロは言っていますか（11:24）。

7　パウロの語る奥義〔秘義〕[a]とはどのようなものですか（11:25-27）。
　　契約[b]

8　ユダヤ人に対する神の賜物と召命〔招き〕は、取り消されることがない、と言えるのはなぜですか（11:28-32）。

9　パウロは天地創造（1:20）から始まり、人間の反逆、アブラハムなどの族長とイスラエルの歴史を追って、イエスによる世界の救いと完成を語ってきました。そして9-11章では、ユダヤ人がイエスを拒んだ意味と彼らの救いについて、さらには、すべての異邦人の救いについて見てきました。そのような神のご計画の深さと広さを知ったパウロは何と言っていますか（11:33-36）。

---

[a] 奥義：長い間隠されてきたが、今やイエスにおいて明らかにされた神の計画。p.74 脚注参照。

[b] 契約：神がイスラエルと結ぶ新しい契約。メシアによってイスラエルの罪が赦され、救われるというもの。イザ59:20-21、エレ31:31-34。

まとめ

　ユダヤ人の一部が不信仰になったのは、救いが異邦人に及ぶためでした。また、そのことによってユダヤ人にねたみを起こさせるためでもありました。そして、ついに、ユダヤ人もイエスをメシアと信じて救われる時が来ます。ユダヤ人に対する神の愛と召命〔招き〕は、取り消されることがないからです。パウロは、神のご計画に表された、神の知恵と知識の深さのゆえに神をたたえ、9-11章の論述を閉じます。

考えよう

1　神の民であったユダヤ人と律法は、過去のものであると考えて軽視し、自らを誇っていた異邦人キリスト者は、パウロの教えから何を学んだと思いますか。
2　私たちがパウロのように神を賛美するにはどうしたらよいでしょう。

祈り

　救いの神よ、あなたのご計画のすばらしさを知り、あなたをたたえます。私たちが旧約聖書やユダヤ人を低く見ることがないように助けてください。世界を救うための器として最初に選ばれたユダヤ人が、イエスをメシアと信じ、私たち異邦人キリスト者と一つの民となって共に歩めるように助けてください。

6課　新しい歩みの実際　12:1-15:7

　パウロは、1章から8章まで、世界の創造から完成までを語ってきました。そして、9章から11章で、イエスを拒んだユダヤ人も、最終的には信じるようになると述べました。この壮大なご計画を貫いているのは、神の愛とあわれみです。この神の愛とあわれみに応えて「ふさわしい礼拝」を献げるよう、ここでパウロは勧めます。この礼拝こそ、神に喜ばれる生活の第一歩であり土台です。

A　新しい歩みの出発点　12:1-2

1　神に喜ばれる生活の第一歩は、神への礼拝です（12:1-2）。その理由を1章で学んだことから考えましょう。p.13「まとめ」参照。

2　パウロはどのような礼拝が私たちにふさわしい〔理に適（かな）っている〕と言っていますか（12:1）。それはどのような意味だと思いますか。6:13 参照。
　　聖なる、生きたささげ物〔生けるいけにえ〕ª

3　私たちが自らを神に献げるよう勧められているのは、「神のあわれみによって」だとあります（12:1）。それはなぜだと思いますか。11:30-31 参照。

4　心（考え方、価値観）を新たにすることで、自分を変えていただくのは何のためですか（12:2）。世ᵇ、心を新たにするᶜ

ª **聖なる、生きたささげ物**：旧約時代に神を礼拝するときに献げられた物。「聖なる」は、神のものとして取り分けられたという意味。「聖なる、生きたささげ物」と言うことで、心も体もすべて神のものとなり、神に従う生き方をすることを表す。

ᵇ **世**：時代を意味する言葉。目に見える世界は基本的に良いものとして造られている（創1:31）。聖書の「世」とは目に見える世界や社会全般を指すのではなく、それに影響を与えている罪の支配下にある今の時代を指す。

ᶜ **心を新たにする**：心と訳されたギリシア語のヌースは、理解や考え方を指す言葉。物事の見方や考え方、また価値観を聖書に基づいて新たにすること。

5 具体的に神に喜ばれる歩みが何かを判断するために、まず、「心」（考え方や価値観）を新たにするのはなぜだと思いますか。もう一度、1:21、24、28 に見られる順序を参考に考えてみましょう。

まとめ

神の愛とあわれみに応えて、自らのすべてを神に献げるのが、ふさわしい〔理に適った〕礼拝です。そして、この「世」（この時代の考え方）ではなく、聖書の考え方や価値観を身につけていくことで、何が神に喜ばれることかを判断していけるようになります。これは忍耐を必要とする歩みですが、必ず「練られた品性〔品格〕」を生み出すことになります（5:4）。

考えよう

1 自らを神に献げていかなければ、キリスト者も「世」に流されてしまうのはどうしてでしょうか。
2 聖書が語る、物の見方や価値観を学び、それを自分のものにしていくためにはどうしたら良いと思いますか。いくつか方法を考えてみましょう。

祈り

父なる神よ、私たちがあなたの愛に応えて、自分自身をあなたに献げていくことができるように助けてください。また、自分の考え方や価値観を、聖書に近づけていき、あなたに喜ばれることを判断できるように成長させてください。

B 新しい歩みの具体例（1） 12:3-16

　新しい歩みの出発点を述べた後、パウロは、神に喜ばれる生き方の具体例を示していきます。当時のローマ市の状況を考慮した勧めですが、そこには、現代の私たちも学べることが多くあります。

(1) 教会での異なった賜物　12:3-8

　「心（考え方や価値観）を新たにすること」は、まず、信仰者の共同体である教会から始まります。

1　教会ではどのような考え方が求められますか（12:3）。
　　　信仰の量りに応じて[a]

2　からだのたとえから何が教えられますか（12:4-5）。

3　どのような賜物が挙げられていますか（12:6-8）。預言[b]、慈善[c]

4　私たちの教会には、他にどのような賜物が与えられていますか。あなたにはどのような賜物が与えられていると思いますか。

5　その賜物はどのような姿勢で使うべきですか（12:6-8）。

(2) 愛と善い行い　12:9-16

　次にパウロは、愛と善い行いについて語ります。

1　真の愛はどのように現れますか（12:9）。

2　教会の人々には、どのように接したらよいですか（12:10）。自己卑下と人を尊敬することは、どう違うでしょうか。

---

[a] 信仰の量りに応じて：人の「信仰の深さに応じて」、あるいは、キリストへの「信仰に基づいて」、という意味。
[b] 預言：神から言葉を受けて、人々に伝えること。
[c] 慈善：教会内外の困難の中にある人々に、具体的に愛を示すこと。使4:34、9:36-39 参照。

3 働く時の姿勢には何が求められていますか（12:11）。

4 12:12の「望みを抱いて喜ぶ」ことと、「苦難に耐える」ことに関しては、5:1-5で、また、祈りについては8:26-27で、すでに述べられています。それぞれの箇所を読んで復習しましょう。

5 12:13の教えは、エルサレム教会（使4:34-35）と、マケドニアとアカイアの教会（15:25-27）が聖霊の働きにより実践しています。どのような状況でしたか。

6 昔も今も、信仰に対する反対や迫害があります。どのような姿勢でそれに臨んだらよいでしょうか（12:14）。

7 「喜んでいる者たちとともに喜び、泣いている者たちとともに泣」く（12:15）のは、たやすいことではありません。それが困難だったあなたの経験を思い出しましょう。どのようにしたら、みことばが示す姿に近づくことができるでしょうか。

8 教会には、どの時代にも、社会的地位、経済力や学歴等の違う人々が集います。パウロはどう指示していますか（12:16）。

まとめ

　自らを神に献げ、聖書に根ざした価値観を身につけていくとき、家庭で、職場で、教会で、また市民として、神に喜ばれることが何かを考え、判断し、実行できるようになります。
　忍耐と犠牲を要するそのような日々の歩みは、罪によって歪んだ人と世界を本来の姿に回復していきます。そして、ついには、完成された世界を相続することになります。

考えよう

　エルサレム教会や、マケドニアとアカイアの教会が「聖徒〔聖なる者〕たちの必要をともに満たし」た例を見ました（12:13）。私たちにとって、聖徒たちの必要を満たすということは、どのようなことでしょうか。

 祈り

　神よ、私たちも、あなたのあわれみに応えて自らを献げます。あなたに喜ばれることを、日々の生活の中で実践していくことができるよう、聖霊によって助けてください。

C 新しい歩みの具体例（2）　12:17-13:14

　パウロは、教会や社会における、神に喜ばれる歩みがどのようなものか、例をあげて述べてきました。パウロは引き続き語っていきます。

（1）復讐について　12:17-21

1　自分に悪をなす者にはどう接したらよいでしょう（12:17-18）。

2　復讐したいと思うときは、何を思い起こしたらよいですか（12:19）。

3　悪に打ち勝つには何をしたらよいですか（12:20-21）。

4　復讐しないということは、不正を見過ごすことや泣き寝入りすることではありません。その違いを使徒の働き16:35-39にあるパウロの対応から考えてみましょう。

（2）上に立つ権威に従う　13:1-7

1　上に立つ権威に対してどうすべきですか（13:1）。上に立つ権威とは当時は何だったのでしょうか（ルカ3:1-2 参照）。私たちにとっては何を指すでしょうか。

2　権威に従う理由は何ですか（13:1-2）。

3　支配者は何のために立てられているのですか（13:3-5）。支配者が悪を行った時は、現代の私たちはどのようなことができるでしょうか。

4　税金を納める理由は何ですか（13:6）。

5　私たちにとって恐れるべき人、敬うべき人とは誰になるでしょうか（13:7）。

(3) 愛と律法　13:8-10

1. 他の人を愛する者は、律法の要求を満たしていると言われるのはなぜですか（13:8-10）。

(4) キリストを着る　13:11-14

1. 今はどのような時ですか（13:11-12）。<u>救い</u>[a]、<u>昼、光</u>[b]

2. 救いが近づいているので、どう生きるように勧められていますか（13:12-14）。

3. 当時のローマ市では、13節の悪徳が社会に蔓延（まんえん）していました。私たちの社会で問題となる闇のわざ〔行い〕には、どのようなものがあるでしょう。

4. <u>光の武具</u>[c]、<u>品位のある生き方</u>[d]、<u>キリストを着る</u>[e]と表現される生き方を、どのようにしたら身につけていくことができるのでしょうか。もう一度、5:2-5と12:1-2の基本を確認しましょう。

---

[a] **救い**：ここでは終末に完成する救い（5:9-10）を指す。

[b] **昼、光**：救いの完成の時、私たちは地上に肉体をもってよみがえり、新しくされた世界をキリストと共に治めることになる。その時、キリストと共に栄光を受ける。その時が「昼」、あるいは「光」として表現されている。

[c] **光の武具**：エペソ6:13-18では、真理、正義、平和の福音、信仰、救い、神のことば、祈りが挙げられている。

[d] **品位のある生き方**：12-13章で述べてきたような、主イエスにふさわしい生き方。

[e] **キリストを着る**：キリストに似た者とされていくこと（8:29。コロ3:5-12、ガラ3:27参照）。

まとめ

　キリスト者は、将来完成される栄光に満ちた世界を相続することになります（4:13、8:17）。そして、その世界の在り方を先取りし、その輝きを表す者として、今を生きています。それは、まさに、主イエスが始めたことでした。

 考えよう

1　他人に迷惑をかけない生き方と、他者を愛する生き方の違いはどこにありますか。
2　キリスト者の生活は、間もなく来ようとしている完成された世界を先取りする生き方であると言われています。そのような視点で自分たちの日常を見直したことがあるでしょうか。先取りする生き方として、どのような例が考えられるでしょうか。

祈り

　父なる神よ、「昼」や「光」と言われる、世界の完成の時が近づいています。私たちが、闇のわざ〔行い〕を捨て、ますますキリストに似た者に変えられるよう、聖霊によって助けてください。

D つまずきを乗り越えて　14:1-15:7

　教会生活から社会生活まで、生活の様々な面での指針を述べてきたパウロは、ここでローマ教会の大きな懸案（けんあん）事項であった教会内のつまずきの問題を取り扱います。

　背景を理解するために、もう一度 p.3「ローマ教会内部の問題：分裂とつまずき」を読みましょう。

(1) さばいてはならない　14:1-12

1　飲食の問題で、互いにさばいたり、見下してはならない理由は何ですか（14:1-3）。

2　さばいてはならない二つ目の理由は何ですか（14:4）。

3　ローマ教会の中には、飲食に関する違いだけではなく、特定の日に関しても違う考えがありました。パウロはどのように勧めていますか（14:5）。

4　互いにさばいてはならない第三の理由として、パウロは何を挙げていますか（14:6-9）。

5　兄弟をさばいてはならない第四の理由は何ですか（14:10-12）。
　　<u>神のさばきの座</u>[a]、<u>すべての膝は</u>[b]

6　今まで学んだ四つの理由に共通していることは何でしょうか。

---

[a] **神のさばきの座**：世の終わりの神のさばきを指す。1:32、2:16 参照。

[b] **すべての膝は**：イザ45:23。唯一の神が世の終わりに世界をさばき、また、救うという内容の章。

まとめ

互いにさばいてはならない四つの理由をまとめてみましょう。

 考えよう

1　ローマ教会での問題は、食肉と特定の日に関する考え方の違いでした。聖書に具体的に書かれていない事柄でさばき合うことが現代の教会にもあるとしたら、それはどのようなことだと思いますか。

2　パウロの提案に基づくなら、どのように解決に向かったら良いでしょうか。

祈り

教会を愛する主よ、私たちが互いにさばき合うことがないように助けてください。何が実際に問題となっているかを見極め、聖書の指針に従って、解決していくことができますように。

(2) 愛によって行動する　14:13-15:7

　パウロは互いにさばき合わないように勧めてきました。しかし、ここでパウロはそれ以上のことを求めています。

1　パウロは何を求めていますか（14:13）。

2　それはなぜですか（14:14-17）。

3　キリストに仕える人は、何を追い求めるよう励まされていますか（14:18-19）。

4　具体的にはどうしたらよいでしょうか（14:20-21）。

5　自分の信仰に関してはどうですか（14:22-23）。兄弟のつまずきになるものを置かず、同時に、自分の信仰の在り方を保つことの例はありますか。

6　力のある者はどのように生きるべきですか（15:1-2）。

7　そのような生き方の模範は誰ですか（15:3）。嘲る〔そしる〕者[a]

8　旧約聖書は何のために書かれ、どのような益がありますか（15:4）。私たちはどのようにしたら、旧約聖書に親しみ、そこから忍耐と励まし〔慰め〕を受けることができるでしょうか。

---

[a] 嘲る者：詩篇69篇では、敵だけではなく、同じ神を信じる身近な者から嘲られて苦しむ祈りが献げられている。パウロはその9〔10〕節を引用して、そのような嘲りに耐えるだけではなく、その者の益を願ったイエスの模範を示している。

9 パウロはここでどのように祈っていますか（15:5）。この「思い」という言葉は、「姿勢」とも訳せます。それぞれ異なる信仰理解を保ちつつも、お互いが「つまずきになるものを置かない」という姿勢を抱くことは可能でしょうか。

10 同じ思い（姿勢）を持った結果は何ですか（15:6）。

11 パウロは最後に何を勧めていますか（15:7）。

まとめ

　互いにさばき合わないだけではなく、パウロは、キリスト者がより積極的に、愛によって行動し、互いの平和と成長を求めるよう勧めています。具体的には、自分の信仰は保ちながらも、つまずきの原因となるものを置かないこと、また、キリストがそうしたように、自分を喜ばせるのではなく、力のある者が力のない人たちの弱さを担うことを勧めています。そして、パウロは、（旧約）聖書が与える忍耐と励まし〔慰め〕によって希望を持ち続け、信仰の強い人も弱い人も、互いに同じ思い（姿勢）を持つようにと祈っています。それは、神の民が心を一つにし、声を合わせて神をほめたたえる〔崇める〕ようになるためでした。

祈り

　愛の神よ、私たちが、愛によって行動し、聖書から忍耐を学び、互いに同じ思いを持てるように助けてください。そして、心を一つにして、声を合わせて、神をほめたたえる群となれますように。

7課 パウロの異邦人宣教と計画　15:8-33

　ユダヤ人キリスト者と異邦人キリスト者の間の分裂、また、飲食などにかかわるつまずきの問題を取り扱ったパウロは、手紙の初めで述べた異邦人宣教の思いとローマ教会訪問の願いをもう一度取り上げ、より詳しく語ります。

A　異邦人も神をあがめる　15:8-13

1　キリストがユダヤ人のしもべとなられた三つの目的は何ですか（15:8-9）。p.24「信仰によって世界の相続人となる（2）4:13-25」の「まとめ」を読んで復習しましょう。

2　異邦人も、あわれみのゆえに神をあがめるようになる、ということは、旧約聖書に書かれていました。15:9-12 と次の脚注を読んで確認しましょう。
　　異邦人の間[a]、異邦人よ[b]、すべての異邦人よ[c]、異邦人を治める[d]

3　ローマ教会の異邦人のキリスト者は、キリスト（メシア）に望みを置くようになりました。パウロは、この神に何を祈っていますか（15:13）。喜び[e]、聖霊の力[f]、希望[g]

---

[a] 異邦人の間：詩篇記者が敵や異邦人（国々）に勝利した時の歌（詩 18:49〔50〕）。その偉大な救いの故に、詩篇記者は異邦人の間でも主をほめたたえた。

[b] 異邦人よ：モーセは40年の荒野の旅の終わりに、神に逆らい続けた民を捨てずに救ってくださった神の恵みを思い起こしている。そして、異邦人にも、民の救いのゆえに喜ぶよう呼びかけている（申 32:43）。

[c] すべての異邦人よ：すべての国々に賛美を呼びかける詩篇（詩 117:1）。

[d] 異邦人を治める：エッサイはダビデ王の父。ダビデ王朝から起こる新しい王（メシア）が全世界を治めるという預言の章（イザ11章）。治められる異邦人はメシアに対して望みを置くようになる（イザ 11:10）。

[e] 喜び：世の終わりに、救いを完成した神の栄光にあずかる望みを喜ぶこと（5:2）。

[f] 聖霊の力：聖霊の力によって、罪に打ち勝ち、善を行えるようにされた（8:1-13）。

[g] 希望：世の終わりに体をもってよみがえり、新しい地を相続する希望を指す（8:18-25）。

まとめ

　キリストは、アブラハムとその子孫に与えられた約束を確証〔揺るぎないものと〕するために来られました。その結果、異邦人も神をあがめるようになり、ローマの異邦人キリスト者も、聖霊の力によって希望にあふれるようにされました。

考えよう

　パウロは、キリストが来たのはアブラハムへの約束を成就するためであったことを繰り返して述べ、それを土台として「ローマ人への手紙」を書いています。パウロにとって、アブラハムへの約束が、それほど重要なのはどうしてだと思いますか。このセクションで学んだことから、考えてみましょう。

祈り

　愛の神よ、異邦人である私たちも、神をあがめるようにされたことを感謝します。私たちが聖霊の力によって、希望にあふれた歩みができるように助けてください。

B 異邦人に対するパウロの務め　15:14-21

　異邦人の救いが旧約聖書に記されていたことを述べたパウロは、異邦人に対する福音宣教の務めが、自分に与えられていると語ります。

1　パウロはローマ教会の人々に関してどのような確信を抱いていますか（15:14）。

2　パウロが所々、かなり大胆に〔思い切って〕書いたのはなぜですか（15:15-16）。パウロは何を思い起こさせようとしたのでしょうか。

3　パウロは、自分が異邦人に福音を伝え、イエスを信じる信仰に導いただけでは、自分の務めは終わっていないと考えていました。パウロは何を目指していたのでしょうか。15:16-17と12:1-2から考えてみましょう。

4　パウロの福音宣教は
　・誰が
　・何のために（1:5 も参照）
　・誰を用いて
　・何によって
　成し遂げたものですか（15:18-19）。

5　キリストがそのような働きを成し遂げてくださった結果、パウロは何をしましたか（15:19）。イルリコ〔イリリコン〕ª

6　パウロは、自分の働きに関して何を切に求め〔熱心に努め〕ましたか（15:20-21）。告げられていなかった人々ᵇ

ª　イルリコ：パンノニア属州とダルマティア属州を合わせた地域を指す。現在のオーストリアからアルバニアにまたがる、アドリア海の北の沿岸にそった広大な地域。

ᵇ　告げられていなかった人々：イザ52:15からの引用。52章は、世の終わりに主がシオンにもどり、神がご自身の民を贖うことを異邦人も見る、という預言を語る章。

まとめ

キリストはパウロを用いて、奇跡と聖霊の力によって福音を伝えてくださいました。それは、すべての異邦人が、自らを神に献げてキリストに従う歩みをするためでした。これが福音宣教の本質です。

 考えよう

1. パウロが語る福音宣教の目的（すべての異邦人がイエスに従うようになること）を学んできました。私たちが今まで考えてきた宣教とその目的を振り返って、パウロから学べることを語り合いましょう。

2. パウロは、すべての異邦人（全世界の人々）が主に従い、12章と13章で学んできた愛と善い行いをするようになることを願っていました。創造から万物の刷新までの神のご計画が、常に思いの中にあったパウロは、どのような世界を望んでいたのだと思いますか。

3. すべての異邦人が主に従順になることを目指す世界宣教は、世界の回復とどのように関わっていると思いますか。p.5「(5) 教会を通しての世界の回復」参照。年表

祈り

宣教の主よ、異邦人である私たちにも福音が伝えられました。私たち自身がまず、自らを献げて主に従い、あなたに喜ばれる生活を送ることができるように聖霊によって助けてください。そして、その福音を世界中の人々に分かち合う者となれますように。

C パウロの今後の宣教計画　15:22-33

「すべての異邦人を主への従順に導く」という世界宣教の務めが与えられていることを語ったパウロは、今後の計画をローマ教会の人々へ伝えます。

1 ローマ帝国の東部（小アジア半島とギリシア地方）で宣教してきたパウロは、その地方での働きをどう評価していますか（15:22-23）。

2 その時期にパウロの宣教の拠点となった教会はどの教会だったでしょうか（使13:1-4 参照）。

3 パウロが立てている今後の宣教計画はどのようなものですか（15:23-24）。イスパニア[a]

4 パウロはなぜ一旦エルサレムに戻るのですか（15:25-29）。

5 異邦人教会がエルサレムの教会に対して義務があるのはなぜですか（15:27）。

6 パウロがローマのキリスト者に祈って欲しいと願っているのは何ですか（15:30-33）。

注）パウロが心配した通り、エルサレムではユダヤにいる不信仰〔不従順〕な人々によって、様々な困難に直面することになります。しかし、不思議な方法でローマ訪問というパウロの願いは、かなえられることになります（使21章以降）。

まとめ

キリストは、パウロの宣教を通して、異邦人も主に従う歩みができるようにしてくださいました。パウロはその働きを、ローマ教会の協力の下で、スペインにまで広げようとしています。

---

a **イスパニア**：現在のスペインのこと。

考えよう

　パウロは無計画に宣教を進めていたのではありませんでした。諸教会や同労者とのコミュニケーションを大切にしながら、ローマ帝国全体の宣教を考え、拠点教会を選んでいました。

　そのような宣教の働きが、パウロの後も、歴史を通してなされた結果、日本にいる私たちにも福音が伝えられました。

　私たちはどのような計画を立てて、周りの人々に、また世界に福音を伝えようとしているでしょうか。今の私たちに計画できることは何でしょう。

祈り

　宣教の主よ、私たちがまず、福音に現された神の愛の、広さと深さを十分に知ることができるように導いてください。そして、パウロのような熱い思いで福音を世界に伝えていくことができますように。

8課 おわりに　16:1-27

パウロは手紙を終えるにあたり、ローマ教会の人々にあいさつを送り、最後の勧めをし、手紙全体をまとめる祈りを献げています。

A　最後のあいさつと勧め　16:1-20

(1) あいさつ　16:1-16

パウロはここで、ローマ教会の同労者と知人にあいさつを送っています。その中には、プリスカとアキラ (16:3) のように、聖書の他の箇所 (使 18:2) に記されている人がいますが、他の人々に関しては、詳細は知られていません。また、「彼らの家の教会」(16:5)、「アリストブロの家の人々」(16:10)、「ナルキソの家の主にある人々」(16:11)、「アシンクリト…とともにいる兄弟たち」(16:14)、「フィロロゴ…とともにいるすべての聖徒たち」(16:15) とあるように、ローマ教会は、複数の家の教会や小グループから成り立っていたようです。p.75 コラム「家の教会」参照。

1　この人たちを紹介するパウロの言葉から、パウロはこれらの人々にどのような思いを抱いていたと思われますか。

2　この人々がローマ教会の指導者であり、今まで述べてきたような分裂とつまずきという問題に直面しているとすれば (16:17 参照)、16 節の「聖なる口づけ[a] をもって互いにあいさつを交わしなさい」とはどのような意味があるでしょうか。

(2) 最後の勧め　16:17-20

パウロは手紙全体を通して語ってきたことをまとめ、ローマのキリスト者に勧めています。最後の勧めは、この手紙が書かれた意図を表しています。

---

[a] 聖なる口づけ：主にある兄弟姉妹がキリストの愛をもって接することの表現。

1 パウロは何を勧めていますか（16:17）。

2 分裂とつまずきを引き起こす人々は、どのような教えにそむいていますか。あなたがたの学んだ教え[a]

3 分裂とつまずきをもたらす者たちは何に仕えていますか。どのように、誰をだましているのですか（16:18）。

4 パウロは、ローマのキリスト者の主への従順に言及します。その上で、彼らに何を望んでいますか（16:19）。

5 分裂とつまずきの背後にサタン[b]の存在を見ているパウロは、何を信じていますか（16:20）。

6 パウロは霊的な闘いに直面しているローマ教会のために何を祈っていますか（16:20）。

 まとめ

　パウロは、手紙の最後で親しいあいさつを送るだけではなく、ローマ教会の最大の問題であった分裂とつまずきの問題にもう一度触れ、サタンに対する勝利が約束されていることを述べて励ましています。

---

[a] **あなたがたの学んだ教え**：当時の使徒たちが共通して伝え、教えていた基本的な教え。使1:1-3、28:31、本手引 p.4-6「神のご計画」参照。凝縮した形が、後に古ローマ信条、使徒信条などにまとめられていった。また、ここでは、パウロがこの手紙で語ってきた、律法と信仰義認に関する教え、また具体的な指示も含まれると考えられる。

[b] **サタン**：サタンは人間を惑わして神に背かせたが（創3:15）、ついにさばかれることになる（黙20:10）。

B パウロの同労者からのあいさつと結びの祈り　16:21-27

　ローマ教会の人々へのあいさつと勧めの言葉を語った後、パウロは共にいる同労者からのあいさつを届け、最後の祈りを献げます。

(1) パウロの同労者のあいさつ　16:21-23

　パウロと共にいた人々が、ローマのキリスト者にあいさつを送っています。同労者のテモテは新約聖書の中で何度も登場しています。「ローマ人への手紙」を筆記したテルティオが「私」として表れています。

(2) 結びの祈り　16:25-27

　パウロはこの手紙を、祈りで閉じています。

1　パウロの福音は、すなわち何だと言われていますか（16:25）。
　　奥義〔秘義〕a

2　奥義の啓示（福音）は何をもたらすために知らされたのですか（16:26）。

3　神は、奥義の啓示（福音）によって、ローマ教会のキリスト者をどうすることができますか（16:26〔25〕）。

4　パウロの最後の祈りはどのようなものですか（16:27）。

5　結びの祈り（16:25-27）と初めのあいさつ（1:1-5）の中で、福音に関して共通している点は何ですか。

初めのあいさつ	結びの祈り
_____を通して約束された	_____を通して明らかにされ
_____人の中に〔を〕	_____人に〔を〕
_____をもたらす〔へと導く〕	_____をもたらす〔へと導く〕

---

a　**奥義**：ユダヤ人も異邦人もキリストにあって共同の相続人となること（エペ3:3-6）。また、ユダヤ人もついには救われるということ（ロマ11:25-26）。

まとめ

　パウロはこの手紙を、「すべての異邦人」(1:5) が、イエスをメシア（キリスト）であり、主であると信じて従うようになる、という世界宣教の目的をもって書き始めました。最後にパウロは、同じ目的をもって祈り、手紙を閉じています。年表

考えよう

　教会内の分裂とつまずきの解決が世界宣教と密接に結びついていることを、どのように考えたら良いでしょうか。

祈り

　天地万物を造り、それを完成してくださる神よ、パウロに与えられた教会への愛と世界宣教の使命を、私たちも持つことができるように助けてください。その使命をさまたげる分裂とつまずきを、私たちも乗り越えて行くことができますように。

コラム

「家の教会」

　キリスト教会が教会堂を建て始めたのは、ミラノ勅令（313年）によって迫害が止んでからでした。それ以前は、個人の家を中心に礼拝が持たれていました。初期のエルサレム教会も、家々でパンを裂いていました（使2:46）。ピリピの教会はリディアの家で集まっていたと思われます（使16:40）。

あとがき

　旧約聖書に精通していたパウロの心には、世界の創造から完成にいたる神のご計画が、常にありました。その中心にあるメッセージは、アブラハムへの約束がイエスにおいて実現したというものです。

　神は、ユダヤ人であっても異邦人であっても、イエスを信じる者をその信仰によって義と認め、アブラハムの子孫、世界の相続人としてくださいました。

　主の死と復活により、主を信じた私たちは罪の奴隷ではなくなり、キリストと共に生きる者とされました。私たちが自らを、聖なる生きたささげ物〔いけにえ〕として神に献げ、心（考え方と価値観）を新たにしていくならば、私たちは、神に喜ばれることが何かを判断し、愛と善い行いを実践していくことができます。そのプロセスすべてに聖霊が働いてくださいます。

　そのような、私たちの主への従順を通して、イエスは人と世界を回復していきます。そして、主イエスがもう一度来られて世界が完成する日を、被造世界も私たちも待ち望んでいます。

　パウロは、この「神のご計画」（福音の全体像）を理解していただけではなく、それをすべての異邦人に伝える使命が与えられている、という自覚を持ち、世界宣教の働きに邁進していました。その活動のただ中で、この「ローマ人への手紙」を執筆しています。それは、ローマ教会が、福音と福音にふさわしい生活を深く教えられて強められ、分裂とつまずきを乗り越えることにより、帝国西部の宣教の拠点教会となることを願ったからです。

分かち合い、共に祈ろう

　パウロに与えられた世界宣教の使命は、その後の教会と宣教師に、そして、現代の私たちにも受け継がれています。最後に、以下の質問から語り合い、共に祈りましょう。

1　「ローマ人への手紙」を書いたパウロは、いつも、世界の創造から完成に至る「神のご計画」を土台として語っていました。私たちは、その「神のご計画」の全体像をどのように理解したでしょうか。分からなかったところなども含めて、もう一度、p.4-6の「神のご計画」やp.82-83の年表を見ながら語り合いましょう。

2　私たちが、愛と善い行いを実践していくことは、世界を回復していくことにつながります。例えば、マザー・テレサの働きは、目の前に横たわる一人の人に手を差し伸べたことから始まりました。私たちの家庭や職場、あるいは教会や地域において、愛と正義に向かう、小さくても具体的な一歩はどのようなものか、考えてみましょう。

3　ローマ教会が内部の様々な問題を乗り越えることは、世界宣教に直結していました。そして、その世界宣教をとおして、世界を回復するという救いのみ業が実現していきます。私たちがその宣教の意味を確認して、使命を実践していくには、どうしたらよいでしょうか。

〔参考にした書籍〕

The Anchor Yale Bible Dictionary (Yale University Press, 1992)

The New International Dictionary of New Testament Theology
　　　(The Zondervan Corporation, and The Paternoster Press, 1975, 1986)

Word Biblical Commentary (Thomas Nelson Inc., 1987-)

The New Interpreter's Bible (Abingdon Press, 1995-)

ローマ教会

パウロは、ローマの教会が問題を乗り越えて、帝国西部への宣教の拠点教会になって欲しいと願い、この手紙を書いた。

ギリシア（アカイア）地方

　パウロは第三回目の宣教旅行の際、ギリシア（アカイア）に３ヵ月間留まり、教会を励ました（使20:1-3）。この間に「ローマ人への手紙」が書かれたと思われる。パウロのローマ訪問への思いは募るものの、「しかし今は、…エルサレムに行きます。それは、マケドニアとアカイアの人々が、エルサレムの聖徒たちの中の貧しい人たちのために、喜んで援助をすることにしたからです。…私はこのことを済ませ、…あなたがたのところを通ってイスパニアに行くことにしています。」（ロマ15:25-28）と、ローマのキリスト者に語っている。

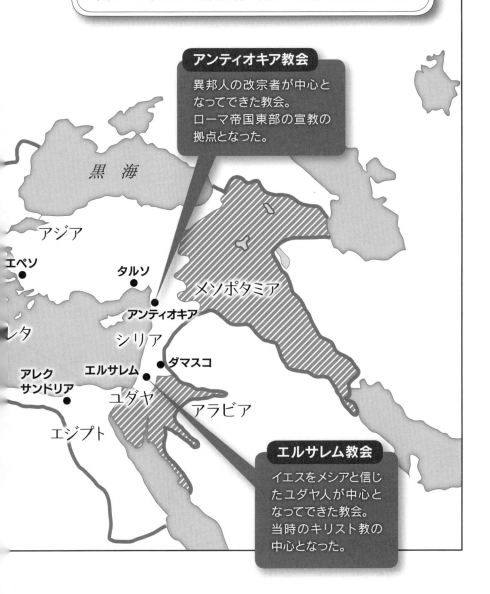

地図 パウロの時代の教会とローマ帝国

ローマ帝国は、パウロの時代の後に斜線の地域が加わり、紀元117年ころには、太い線で囲まれた最大版図となった。

アンティオキア教会
異邦人の改宗者が中心となってできた教会。ローマ帝国東部の宣教の拠点となった。

エルサレム教会
イエスをメシアと信じたユダヤ人が中心となってできた教会。当時のキリスト教の中心となった。

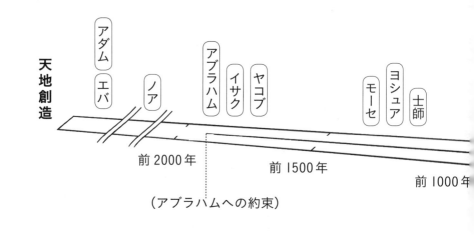

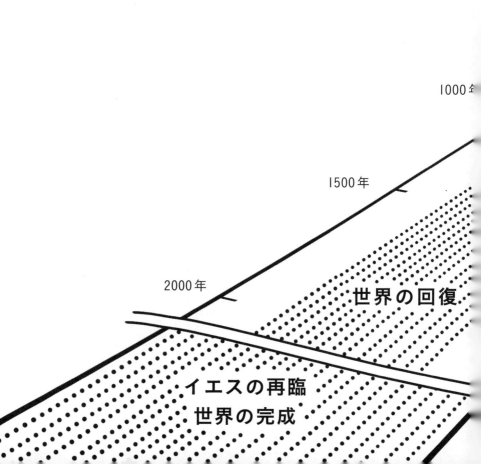

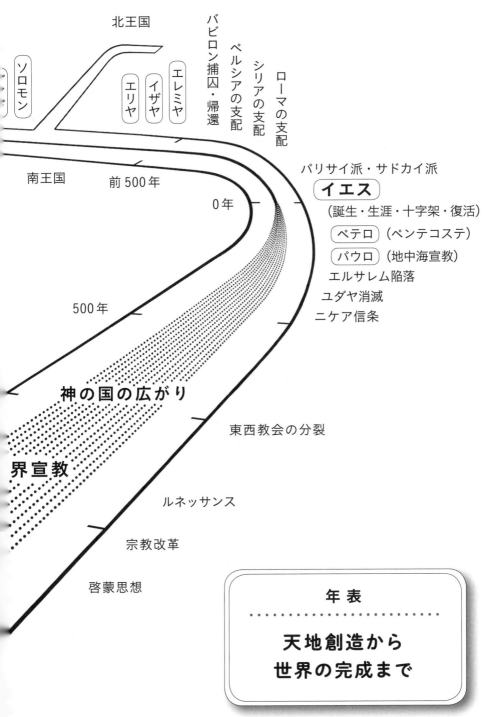

「聖書を読む会」について

　「さあ始めよう」と言って始めたのではなく、「気がついたら歩き始めていた」というのが、聖書を読む会の始まりです。誰でも始められ、参加しやすい聖書の学び合いの方法を祈り求めていた 1970 年頃、アメリカの団体 Neighborhood Bible Studies（現：Q Place）の、質問と語り合いによる聖書研究の方法に出会いました。

　10 人ほどのメンバーでスタートしたこの働きは、徐々に広がって、手引の翻訳、出版、頒布をするようになり、1980 年には「聖書を読む会」を組織しました。2016 年からは、オリジナル手引の制作・出版をしています。手引は、日本国内はもとより、世界各地の日本語を使う方々の間で用いられ、聖書を読むグループが起こされています。

　「聖書を読む会」は、始まりから今日まで、諸教会と主にある兄弟姉妹に支えられて、その働きが続いています。手引を低価格で提供できているのは、制作費や必要経費などが、献金によってまかなわれているためです。この働きを支えるためにご協力ください。

（郵便振替口座番号：00180 － 9 － 81537　聖書を読む会）

ローマ人への手紙 ―信仰による世界の相続人として―　　定価（本体700円＋税）

2018年9月15日　発行
2020年9月 1日　第2刷

編集・発行　　聖書を読む会
　　　　　　　〒 101-0062
　　　　　　　東京都千代田区神田駿河台2-1 OCC ビル内
　　　　　　　Website: http://syknet.jimdo.com

表紙デザイン　yme graphics　三輪 義也

印刷・地図作成　（宗）ニューライフ・ミニストリーズ　新生宣教団

本書の内容は一部でも、許可なくコピーあるいはデータ化することは法律で禁じられています。
　　　　　　　　　　　　　　　　　　　　　　　　　　　　Printed in Japan